KB232471

하나님의 사람들

마태복음 1장 1절 강해설교

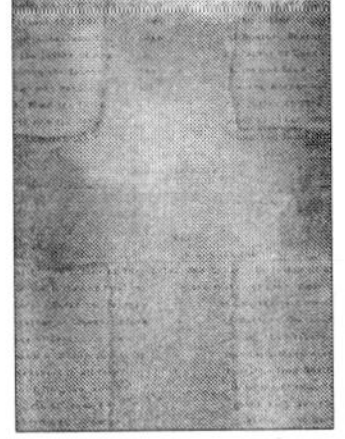

하나님의 사람들 마태복음 1장 1절 강해설교

지 은 이   홍성철
발 행 인   홍성철
초판 1쇄   2005년 9월 30일
발 행 처   **도서출판 세 복**
주   소   서울특별시 중랑구 면목5동 149-6 한밀빌딩 301호
          전화: (02) 448-5562
          홈페이지: http://www.saebok.net
          E-Mail: werchelper@hanmail.net
등록번호   제1-1800호 (1994년 10월 29일)
총 판 처   예영커뮤니케이션
          전화: (02) 766-7912, 팩스: (02) 766-8934
I S B N   89-86424-82-7   03230

값 9,000원

ⓒ 도서출판 세 복

하나님의 사람들

마태복음 1장 1절 강해설교

홍 성 철 지음

도서출판 세 복

The People of God

Expository Preachings on Matthew 1:1

John Sungchul Hong

목차

추천의 글

　마태복음 1장 1절은 단순히 족보의 시작이 아니고 복음의 시작입니다. 이 복음의 시작을 홍성철 목사는 14회에 걸쳐 강해하였습니다. 이것은 아마 성경 강해 사상 유례가 없는 일이 아닐까 생각합니다. 마치 한국판 로이드 존스(Martyn Lloyd-Jones)의 글을 읽는 진지한 감동을 느낍니다. 우리 한국 교회 강단은 바로 성경에 대한 이런 진지한 접근이 필요한 시간을 맞이하고 있습니다. 강단이 너무나 윤리적 교훈의 장이나, 삼류 코미디의 무대 혹은 초등 학문에 지나지 않는 철학적 에세이의 마당으로 변질된 시대에, 이 책의 메시지들은 복음을 선포하는 장중한 권위와 능력의 케리그마로 다가오고 있습니다.

　우리는 또한 이 책의 강해에서 단조로운 석의를 넘어서서 영혼들을 끌어안는 안타까운 복음의 열정을 공감하게 됩니다. 나는 이런 열정의 회복이야말로 오늘날 한국 교회가 목마르게 기다리는 부흥의 징조가 될 것으로 믿어 의심치 않습니다. 1907년 평양 대부흥 100주년이 멀지 않은 때에 이 책은 저자가 한국 교회에 드리는 경건한 헌정이 될 것입니다. 바라기는 주일마다 계시의 말씀을 들고 강단에 서는 이 땅의 모든 영적인 지도자들에게 진지한 강해의 표본으로 이 한 권의 책을 추천해 드리고 싶습니다. 그리고 말씀의 부흥을 사모하는 순전한 마음의 모든 성도들이 또한 이 책의 샘터에서 진리로 목마름을 해갈하심을 보고 싶습니다.

한걸음 더 나아가 저자는 이 새 언약의 첫 단초(端初)를 여는 이 마태복음 1장 1절의 메시지를 접하는 모든 이들이 진정으로 예수 그리스도와의 만남을 통해 참된 그리스도인으로 서는 모습을 열망하고 있습니다. 이런 분명한 회심의 기초 위에서 저자는 또한 이 시대 모든 그리스도인들이 선교의 주님을 역사의 마당에서 담대하게 선포하는 모습을 애타게 촉구하고 있습니다. 결국 모든 세속의 쾌락이 사라지고 인생의 유희가 끝난 마지막 역사의 무대에서 우리는 아브라함과 다윗의 자손 예수 그리스도를 다시 만나게 될 것입니다. 그 날 우리가 주님이신 그분 앞에 부끄럼 없이 서기 위해 오늘은 우리의 삶을 정직하게 성찰할 시간입니다.

함께 새 언약의 증인이 된
이동원
지구촌교회 담임목사

서문

필자가 대학생일 때 의무적으로 성경의 일부를 읽힌 영문학 교수가 있었습니다. 그 가운데 마태복음이 포함되어 있었는데, 그때까지 읽은 것 중에서 가장 재미없는 책이었습니다. 특히 마태복음 1장은 너무나 의미 없는 지루한 장이었습니다. 왜 그처럼 실력 있는 교수가 그처럼 지루한 책을 필독서에 포함시켰는지 도저히 이해가 되지 않았습니다. 물론 그 당시에는 필자가 그리스도인이 아니었을 뿐 아니라, 그리스도인들을 핍박하던 사람이었습니다.

그 후 필자는 대학교 4학년 때 예수 그리스도를 구주요 주님으로 만나게 되었습니다. 아니, 그분이 죄에 찌든 필자를 만나 주셨습니다. 필자의 생애는 모든 면에서 극적으로 변화되었습니다. 인생의 의미를 깨닫게 되었을 뿐 아니라, 목적도 재정립되었습니다. 자기중심적인 삶에서 서서히 벗어나기 시작했습니다. 개인적인 삶이 공동체 중심의 삶으로 변화되는 기쁨도 만끽했습니다.

이처럼 삶의 모양만 변화된 것은 아니었습니다. 삶의 추구도 변화되기 시작했습니다. 인본적인 문학과 세속적인 지식은 더 이상 필자의 마음을 끌지 못했습니다. 그 대신 필자의 중심에 성경이 자리를 잡아가기 시작했습니다. 성경 말씀에 매료(魅了)되어 읽고 또 읽었습니다. 성경 말씀 때문에 회개도 깊이 하고, 감격해서 눈물에 휩싸일 때도 있었습니다. 그리고 마침내 그 성경 말씀에 인생을 맡기게 되었습니다.

그렇게 성경을 읽으면서 묵상하던 중 다시 마태복음 1장과 씨름하던 때가 있었습니다. 그 말씀이 구약성경과 연결되면서 흥분을 감추지 못하기도 했습니다. 그러다가 마태복음 1장 1절을 새롭게 깨닫는 계기가 있었습니다. 그것은 미국에 있는 보스톤소망교회에서 설교할 때였습니다. "아브라함과 다윗의 자손 예수 그리스도의 세계라"를 본문으로 설교를 준비하며 묵상하고 있을 때, 그 말씀과 연관된 구약성경의 내용이 두루마리처럼 펼쳐지는 것 같았습니다.

어느 새해 첫 주부터 마태복음 1장 1절을 본문으로 설교를 시작했습니다. 그러나 한편 용기도 없고, 또 한편 성도들의 반응을 두려워하여 4회로 마칠 수밖에 없었습니다. 그렇다고 묵상된 내용이 거기에서 중단된 것은 아니었습니다. 그 후 약 20년의 세월이 흐르는 동안 마태복음 1장 1절은 필자의 머리를 떠나지 않았습니다. 마침내 많은 기도 끝에 결단하고 그 본문으로 산돌교회에서 설교를 시작했습니다.

산돌교회 성도들의 반응은 여러 가지였습니다. 혹자는 끝없이 전개되는 마태복음 1장 1절에 대한 경이감을 표현하기도 했습니다 (물론 끝이 있었습니다!). 혹자는 별다른 반응을 하지 않고 그 설교들을 경청했습니다. 그들의 반응에 상관없이 그들의 인내는 대단한 것이었습니다. 그들은 14주 동안 마태복음 1장 1절을 본문으로 전하는 설교를 경청해 주었습니다.

아브라함과 다윗은 유대인과 그리스도인에게 공통적으로 메시야를 가리키는 중요한 인물입니다. 물론 아브라함과 다윗이 가리키는 메시야는 각각 다릅니다. *아브라함의 자손*이라는 표현은 예수 그리스도가 유대 민족 가운데서 나왔으며, 또 그에게 주어진 모든 약속들이 그분 안에서 다 이루어졌다는 사실을 강조하는 직함입니다. *다윗의 자손*은 예수 그리스도가 왕 되신 메시야라는 직함입니다.

아브라함과 다윗과 예수 그리스도는 현재의 그리스도인들에게 많은 교훈과 은혜를 주는 삶을 영위했습니다. 우리도 알듯이, 아브라함은 *믿음*의 조상입니다. 그의 믿음은 하나님의 계시--말씀의 계시와 경험의 계시--에 따라 점증적(漸增的)으로 깊어졌습니다. 그러다 마침내 그 아들을 번제로 바치면서 믿음의 절정에 이르게 되었습니다. 하나님도 계시에 따라 성숙하는 아브라함의 믿음을 기뻐하셨습니다. 그리고 하나님은 그의 믿음대로 아들을 돌려 주셨을 뿐 아니라, 많은 물질적 축복도 허락하셨습니다.

다윗은 *소망*의 사람이라고 할 수 있을 것입니다. 그는 목동 시절에도 하나님을 소망하면서 살았습니다. 그러던 어느 날 그는 이스라엘의 왕으로 기름부음을 받았습니다. 그 후 다윗은 왕이 되는 소망 때문에 모진 인생을 견디어 낼 수 있었습니다. 그에게 그런 소망이 없었더라면 중도에 포기할 수밖에 없을 고된 인생을 살았습니다. 그러나 마침내 그 소망이 이루어져서 그는 이스라엘의 역사에서 가장 훌륭한 왕이 되었습니다.

예수 그리스도는 *사랑*의 사람이라고 할 수 있습니다. 그분은 죄인들을 사랑하시기 때문에 하늘나라의 모든 영광을 포기하셨습니다. 그 사랑 때문에 그처럼 많은 시험과 고난을 마다하지 않으면서 사셨습니다. 사랑의 화신(化身)이신 예수 그리스도는 그 짧은 인생을 죄인들의 필요를 채워 주면서 사셨습니다. 그리고 그 사랑의 절정인 십자가의 죽음을 마다하지 않으셨습니다.

바울 사도는 믿음, 소망, 사랑에 대하여 이렇게 말한 적이 있습니다: "그런즉 믿음, 소망, 사랑, 이 세 가지는 항상 있을 것인데 그 중에 제일은 사랑이라" (고전 13:13). 사랑이 제일인 이유는 너무나 분명합니다. 믿음은 과거 지향적이고, 소망은 미래 지향적이지만, 사랑은 현재의 삶을 강조하기 때문입니다. 그뿐 아니라, 예수 그리스도가 재림하실 때 믿음과 소망은 더 이상 필요하지 않게 되나, 사랑은 영원히 지속될 것이기 때문입니다.

아브라함과 다윗과 예수 그리스도는 21세기를 살아가는 그리스도인들에게도 많은 교훈과 은혜를 남겨 주셨습니다. 이 세 분은 그들의 삶의 현장에서 믿음과 소망과 사랑이 무엇인지를 삶으로 보여 주셨습니다. 그리고 그들의 삶의 현장은 현재 그리스도인들의 삶에 많은 실제적인 가르침을 주고 있습니다. 바로 그 이유 때문에 영원하신 하나님의 말씀인 마태복음 1장 1절을 토대로 한 열네 편의 강해설교에서 그 의미를 찾을 수 있습니다.

그럼에도 불구하고 마태복음 1장 1절은 예수 그리스도의 족보 중 일부입니다. 그 족보의 일부분만을 다루고--아무리 자세히 다루었다 하더라도--끝낸다면, 그 귀한 족보에 손상을 끼치는 것이라고 여겨졌습니다. 고민 끝에 부록이라는 제목 밑에 마태복음 1장의 나머지 부분을 다룬 설교 다섯 편을 추가했습니다. 그래도 역시 본서의 주된 부분과 강조는 마태복음 1장 1절의 강해입니다.

끝으로, 다시 한 번 마태복음 1장 1절을 성심껏 경청해 준 산돌교회 성도들에게 감사와 사랑을 전합니다. 아울러 한국 교계에서 강해설교의 대가로 알려진 지구촌교회의 이동원 목사님이 선뜻 추천의 글을 보내 주신 것을 진심으로 감사합니다. 이 설교를 읽는 독자들에게 비록 부족하지만--더군다나 모든 예화까지도 생략한 딱딱한 글이지만--오랫동안의 묵상과 각고 끝에 탄생되었다는 사실만으로도 은혜가 되기를 바라는 마음입니다. 무엇보다도 "아브라함과 다윗의 자손 예수 그리스도"를 필자에게도 구원의 선물로 주신 하나님 아버지에게 모든 영광을 돌립니다.

주후 2005년 8월 초에

홍성철

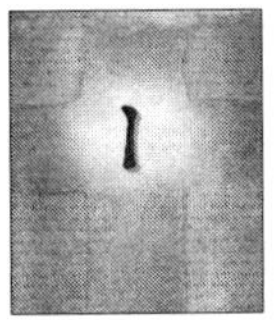

언약의 족보

"아브라함과 다윗의 자손 예수 그리스도의 세계라."

I. 서론

신약성경에서 처음 나오는 책은 마태복음입니다. 그리고 마태복음에서 처음 나오는 말씀은 다음과 같습니다: "아브라함과 다윗의 자손 예수 그리스도의 세계라." 이 말씀에 나오는 *세계*(世系)는 족보 또는 *계보*의 뜻입니다. 영어로는 *genealogy*입니다. 그러면 신약성경의 첫 번째 책인 마태복음은 왜 예수 그리스도의 족보를 소개하면서 시작됩니까? 그 이유는 간단합니다! 마태는 그 복음서의 주인공으로 예수 그리스도를 소개하고 싶기 때문입니다. 그리고 그 주인공의 배경을 알려 주기 위해서입니다.

하나님은 본래 당신의 나라를 건설하시기 위하여 아담과 하와를 창조하셨습니다. 그러나 그들은 하나님에게 불순종함으로 하나님 나라의 건설에 이바지하지 못했습니다. 그 후 모든 인간은 아담의 불순종을 모방이라도 하듯 죄를 범하면서 삽니다. 노아 시대의 사람들을 보십시오. 그들의 모든 생각과 언행은 악으로 가득했습니다. 바벨탑을 쌓으면서 하나님을 대적하려 했던 사람들도 예외는 아니었습니다.

II. 본론

이처럼 불순종으로 점철된 인간의 역사에도 불구하고 하나님은 당신의 나라를 건설하기 원하셨습니다. 그 건설을 위하여 하나님이 선택하신 도구는 누구였습니까? 모든 생물의 이름을 지어 준 뛰어난 머리의 소유자 아담이었습니까? 아닙니다! 거대한 배를 만든 노아였습니까? 아닙니다! 그 도구는 바로 예수 그리스도이며, 따라서 본문은 그분을 소개합니다. 그리고 그분은 바로 아브라함과 다윗의 자손입니다.

그렇다면 아브라함은 어떤 사람이었습니까? 그는 우상을 만들어 팔던 75세의 노인이었습니다. 다윗은 어떤 사람이었습니까? 부모와 형제들로부터 사랑을 제대로 받지 못하고 햇빛 쏟아지는 광야에서 양을 치던 소년이었습니다. 예수 그리스도는 어떤 사람이었습니까? 가난에 찌든 목수의 가정에서 태어나 목수라는 직업을 물려받은 사람이었습니다. 그뿐 아니었습니다. 로마라는 다른 나라의 지배를 받고 있는 불행한 시대의 사람이었습니다.

그러면 하나님은 당신의 나라를 건설하시기 위하여 왜 이처럼 보잘 것 없는 인간들의 후손인 예수 그리스도를 택하셨습니까? 그것은 두말할 필요도 없이 하나님의 은혜 때문입니다. 은혜는 자격 없는 사람에게 베풀어지는 하나님의 은총입니다. 그렇습니다! 하나님은 자격 없는 사람들에게 부어 주신 은혜를 통하여 당신의 나라를 건설하십니다. 다른 말로 표현하면, 하나님은 당신의 나라를 당신의 방법대로 건설하신다는 말입니다.

하나님이 이처럼 보잘 것 없는 인간들을 택하신 또 다른 이유가 있습니다. 그것은 하나님 나라의 건설은 하나님 자신이 세운다는 것을 알려 주시기 위함이었습니다. 어떤 인간도 하나님의 나라를 건설할 수 없습니다. 학문과 재덕을 겸비한 사람도, 재물이 많은 사람도, 신앙의 경험과 성경 지식이 풍부한 사람도 하나님의 나라를 건설할 수 없습니다. 하나님이 아브라함과 다윗과 예수 그리스도를 사용하신 것은 당신의 은총을 통하여 당신 자신이 하나님의 나라를 건설하시겠다는 것입니다.

그렇다면 하나님은 이 세 사람, 곧 아브라함과 다윗과 예수 그리스도에게 어떻게 은혜를 베푸셨습니까? 하나님은 이 세 사람과 각각 언약을 맺으셨습니다. 물론, 하나님은 이 세 사람과 언약을 맺을 아무런 의무가 없으셨습니다. 그러나 하나님은 당신의 은혜를 그들에게 부어 주셨는데, 그 은혜가 바로 언약이었습니다. 그런 이유 때문에 마태복음 1장 1절은 *언약*의 족보라고 할 수 있습니다.

1. 아브라함

하나님은 창세기 12장에서 아브라함을 부르셨습니다: "너는 너의 본토 친척 아비 집을 떠나 내가 네게 지시할 땅으로 가라" (창 12:1). 75세 된 노인에게 지금까지 걸어온 삶을 포기하라는 엄청난 명령이었습니다. 그러나 이 명령에는 약속도 따랐습니다. 그 명령이 엄청났다면 그 약속도 못지않게 엄청났습니다. 그 약속을 보겠습니다: "내가 너로 큰 민족을 이루고, 네게 복을 주어 네 이름을 창대케 하리니, 너는 복의 근원이 될지라....땅의 모든 족속이 너를 인하여 복을 얻을 것이니라" (창 12:2~3).

아브라함에게는 그 때까지 아들이 없었는데, 십중팔구 앞으로도 아들을 갖지 못할 것입니다. 그런데 이 언약에 의하면, 아들을 갖게 될 뿐 아니라 그 아들을 통하여 큰 민족을 이룬다는 것입니다. 물론 하나님은 하나님 나라의 건설이라는 보다 큰 계획을 갖고 있었지만 말입니다. 그 언약을 성취하기 위하여 미약한 아브라함이 할 수 있는 것은 아무 것도 없었습니다. 단지 그 언약을 믿고 순종하는 것뿐이었습니다.

그 후 창세기 15장에서 하나님은 아브라함에게 뭇별처럼 많은 자손(창 15:5)과 그들이 거할 수 있는 땅(창 15:7)을 약속하셨습니다. 아브라함은 미천한 노인에 불과했지만, 그래도 그 언약을 믿었습니다. 그리고 하나님은 그 믿음을 기쁘게 여기셨습니다. 그 결과, 아브라함은 그 믿음을 통하여 유대인의 조상이 되었을 뿐 아니라, 한 발 더 나아가서 모든 믿는 사람들의 조상이 되었습니다.

그런데 창세기 22장 18절에서 하나님은 모든 인간이 아브라함을 통하여 복을 얻을 수 있는 방법을 아주 구체적으로 말씀하셨습니다, "또 네 씨로 말미암아 천하 만민이 복을 얻으리니...." 여기에서 "네 씨"는 누구를 가리킵니까? 바울 사도는 갈라디아서 3장 15~16절에서 그 해답을 제시합니다: "형제들아, 사람의 예대로 말하노니, 사람의 언약이라도 정한 후에는 아무나 폐하거나 더하거나 하지 못하느니라. 이 약속들은 아브라함과 그 자손(씨)에게 말씀하신 것인데, 여럿을 가리켜 그 자손들이라 하지 아니하시고, 오직 하나를 가리켜 네 씨라 하셨으니, 곧 그리스도라."

위의 말씀들을 종합해 보면, 예수 그리스도는 아브라함의 자손입니다. 그뿐 아니라, 그분은 동시에 모든 사람이 축복을 받을 수 있는 축복의 통로도 되십니다. 그런 이유 때문에 마태복음은 그 서두(序頭)에서 예수 그리스도를 아브라함의 자손으로 소개하면서, 그 두 분을 연결시켜 놓았습니다. 다른 말로 표현하면, 아브라함으로부터 시작된 언약의 족보가 예수 그리스도로 연결되었습니다.

2. 다윗

지금까지의 언약들 속에서 우리는 *하나님의 나라*에 대한 윤곽

이 희미하지만 조금씩 드러나는 것을 봅니다. 나라가 존재하기 위해서는 *백성,* 곧 *국민*이 있어야 합니다. 그런데 그 백성은 아브라함의 씨, 곧 예수 그리스도를 통하여 복을 얻은 *천하 만민*입니다. 여기에서 *천하 만민*은 동서고금(東西古今)을 막론한 모든 믿는 사람들입니다. 다시 말해서, "각 나라와 족속과 백성과 방언"을 초월한 모든 그리스도인들입니다 (계 7:9).

이미 위에서 살펴본 것처럼, 나라를 이루기 위해서는 백성과 더불어 영토도 있어야 합니다. 그 영토를 위해 하나님은 반복적으로 아브라함에게 땅을 약속하셨습니다 (창 15:8, 18; 17:8). 그러나 백성과 영토만으로는 나라가 완성되지 않습니다. 그 이유는 간단합니다! 그 백성과 나라를 다스릴 통치자도 있어야 하기 때문입니다. 그 통치자를 위하여 등장한 인물이 바로 다윗입니다.

다윗은 이새의 막내아들로 양 몇 마리를 치는 목동에 지나지 않았습니다. 그러나 다윗은 하나님을 깊이 경외하며, 그 말씀을 "주야로 묵상하는" 신앙인이었습니다 (시 1:2). 그는 언제나 하나님을 의지하면서 살았습니다. 그는 그의 양들을 훔쳐가는 사자나 곰 같은 야수(野獸)들과 싸울 때도 하나님을 의지했습니다. 하나님은 당신만을 의지하는 이런 목동을 일으켜서 왕으로 삼으셨습니다. 그는 40년간 나라를 통치하는 동안에도 항상 하나님을 경외하며 다른 사람들의 말에 귀를 기울인 훌륭한 신앙인이었습니다.

이러한 겸손한 통치자 다윗에게 하나님은 놀라운 언약을 주셨습니다. 그 언약을 보겠습니다: "....내가 네 몸에서 날 자식을 네 뒤에 세워 그 나라를 견고케 하리라. 저는 내 이름을 위하여 집을 건축할 것이요, 나는 그 나라 위를 영원히 견고케 하리라" (삼하 7: 12~13). 이 언약에 의하면, 하나님은 다윗의 아들을 통하여 영원하고도 든든한 나라를 건설하시겠다는 것이었습니다.

그렇다면 이 영원한 나라를 다스릴 통치자는 과연 누구입니까? 두말할 여지도 없이 다윗의 자손 예수 그리스도입니다. 예수 그리스도는 만민에게 축복을 끼칠 복의 근원이십니다. 그러나 동시에 그분은 *하나님의 나라*를 반대하던 모든 인간적인 조직과 권세를 심판하실 "왕 중의 왕이요, 주 중의 주"이십니다 (계 17:14). 그러므로 그분의 계보는 "아브라함과 다윗의 자손 예수 그리스도의 세계"입니다.

3. 예수 그리스도

아브라함에게 백성과 땅에 대한 언약을 주신 하나님은 다윗에게 통치자에 대한 언약을 주셨습니다. 이제는 그 통치자가 백성 위에 나타나면 됩니다. 그리고 그 백성을 약속의 땅으로 인도하면 하나님의 나라는 완성됩니다. 이처럼 중차대한 대업(大業)을 이루기 위하여 역사 가운데 출현하신 분이 바로 예수 그리스도이십니다. 과연 그분은 한편 아브라함의 자손이요, 또 한편 다윗의 자손이십니다. 왜냐하면 예수 그리스도는 그들과 맺은 하나님의 언약을 이루기 위해서 나타난 분이시기 때문입니다.

그러면 예수 그리스도는 어떻게 *하나님의 나라*에서 이처럼 영원한 통치자가 되셨습니까? 그것은 예수님이 제자들과 마지막 만찬을 나누시던 장면에서 찾을 수 있습니다. "저희가 먹을 때에 예수께서 떡을 가지사 축복하시고, 떼어 제자들을 주시며 가라사대, '받아먹으라. 이것이 내 몸이니라' 하시고, 또 잔을 가지사 사례하시고, 저희에게 주시며 가라사대, '너희가 다 이것을 마시라. 이것은 죄 사함을 얻게 하려고 많은 사람을 위하여 흘리는 바 나의 피 곧 *언약의 피니라*'" (마 26:26~28).

이 언약은 우리에게 무엇을 알려 줍니까? 이 언약은 통치자이신 예수 그리스도가 백성을 일으키시는 방법을 알려 줍니다. 그런 이유 때문에 예수 그리스도가 십자가 위에서 죽으시기 전날 밤에 세우신 이 언약은 말할 수 없이 중요합니다. 이 언약에 의하면, 그분은 몸이 찢기시고 피를 쏟으심으로, 다시 말해서, 처참한 십자가의 처형을 통하여 하나님 나라의 백성을 사시겠다는 것입니다.

인간은 교만과 불순종을 친구삼아 사는 죄인입니다. 첫 인간 아담과 하와가 불순종하여 하나님을 떠난 후, 인간은 하나님과 아무 상관도 없이 살아갑니다. 다시 말해서, 인간은 "하나님의 나라 밖"의 사람입니다 (엡 2:12). 그러나 아브라함에게 약속하신 대로, 예수 그리스도는 죄악 가운데 소망 없이 살아가는 인간을 위하여 십자가에서 피를 흘리셨습니다. 그런 이유 때문에 그 피는 인간의 죄를 대속(代贖)하기 위한 대가였습니다. 죄인은 그 피를 통하여 죄를 용서받아 하나님 나라의 백성이 될 수 있습니다.

그렇습니다! 예수 그리스도는 많은 사람의 죄를 위하여 십자가에서 피를 흘리셨습니다. 그 피는 바로 *언약의 피*로서, 죄를 용서받는 방법이기도 합니다. 미천한 아브라함과 자격 없는 다윗에게 언약을 주셨듯이, 죄로 찌든 자격 없는 죄인들을 위하여 쏟으신 *언약의 피*를 통하여 죄를 용서받았습니다. 하나님 나라의 백성이 되었습니다. 그 결과, 그들은 예수 그리스도의 통치를 받으며 살기 시작합니다.

III. 결론

"아브라함과 다윗의 자손 예수 그리스도의 세계"는 언약의 계보입니다. 그리고 이 언약의 계보를 통하여 하나님의 나라에 대한 함축적인 가르침을 찾을 수 있습니다. 그 가르침에서 하나님 나라의 건설에 필요불가결한 비밀도 찾을 수 있습니다. 그 비밀이 무엇입니까? **첫째**, 우리들도 아브라함처럼 미천하지만, 아브라함처럼 하나님에게 *순종*하면 하나님 나라의 건설에 귀한 일익을 담당할 수 있습니다.

둘째, 다윗은 비록 부모와 형제들로부터 따뜻한 사랑을 받지 못했지만, 그래서 형들과는 달리 양 몇 마리와 더불어 늘판과 계곡에서 배회하면서 살았지만, 그래도 하나님을 의지하는 삶을 살았습니다. 우리도 비록 가정적으로나 사회적으로 우대를 받지 못하고 살고 있을지는 몰라도, 다윗처럼 하나님을 깊이 *의지*한다면, 우리도 역시 하나님 나라의 건설에 기여할 수 있는 중요한 인물이 될 수 있습니다.

셋째, 예수 그리스도는 하나님의 나라에 속한 백성을 일으키시기 위하여 자신을 완전히 희생하셨습니다. 그 희생을 통하여 하나님의 백성이 된 우리 그리스도인들도 그분의 본보기를 따라야 합니다. 다시 말해서, 그분처럼 하나님의 나라를 확장하기 위하여 우리도 자신을 *희생*해야 합니다. 무엇보다도 우리들은 죄인들을 하나님의 나라에 속한 백성들로 변화시키기 위하여 *희생*해야 합니다.

희생의 절정은 무엇보다도 예수 그리스도의 십자가를 전하는 것입니다. 예수 그리스도가 죽음과 심판을 향하여 달려가는 자격 없는 죄인들을 위하여 언약의 피를 흘리며 희생하신 것처럼, 우리도 다른 사람들에게 복음을 전하기 위하여 자신을 *희생*한다면, 우리는 하나님 나라의 건설에 중요한 역할을 하는 것입니다. 왜냐하면 그렇게 함으로 하나님 나라의 백성이 만들어지기 때문입니다.

모리아산 위에서

"아브라함과 다윗의 자손 예수 그리스도의 세계라."

I. 서론

우리는 이미 같은 본문을 통하여 *언약의 족보*라는 제목으로 은혜를 나누었습니다. 그 말씀을 통하여 우리는 어떻게 예수 그리스도가 아브라함의 자손이며, 동시에 다윗의 자손이 되시는지 살펴보았습니다. 뿐만 아니라, 그 하나님의 사람들을 통하여 어떻게 하나님의 나라가 건설되는지도 살펴보았습니다. 이미 살펴본 대로, 하나님은 아브라함을 부르셔서 이런 언약을 주셨습니다, "네 씨로 말미암아 천하 만민이 복을 얻으리라" (창 22:18).

하나님은 그 후 다윗을 불러 왕으로 세우시고 다음과 같은 놀라운 언약을 주셨습니다: "네 몸에서 날 자식을 네 뒤에 세워 그 나라를 견고케 하리라....나는 그 나라 위를 영원히 견고케 하리라" (삼하 7:12~13). 다시 세월이 흘러서 하나님은 예수 그리스도를 이 세상에 보내셨습니다. 그리고 하나님은 예수 그리스도가 세우신 "언약의 피"를 통하여 믿는 자를 그 나라의 백성으로 삼기 시작하셨습니다.

II. 본론

이제 같은 본문을 다른 측면에서 접근하려고 합니다. "모리아 산 위에서"라는 제목으로 접근하여, 하나님이 어떤 원리로 그분의 나라를 건설하시는가를 함께 보면서 은혜 나누기를 원합니다. 물론 그분은 "아브라함과 다윗의 자손 예수 그리스도"라는 하나님의 사람들을 통하여 모리아산 위에서 당신의 놀라운 뜻을 보여 주십니다. 그 이유는 간단합니다! 그 곳에서 하나님은 이 세 사람을 특별한 방법으로 만나셨기 때문입니다.

1. 아브라함

먼저 아브라함을 보겠습니다. 하나님은 아브라함과 언약을 맺은 대로, 그에게 아들을 주셨습니다. 그 아들은 많은 시험과 실패를 통하여 얻은 아들이었습니다. 뿐만 아니라, 그 아들은 기적적으로 주어진 소중한 아들이었습니다. 왜냐하면 아브라함의 아내가 임신이 불가능한 상태에서 그 아들이 태어났기 때문입니다. 아브라함은 그 아들 이삭을 너무나 귀중하게 여겼습니다. 그런 이유 때문에 하나님도 아브라함에게 그 아들에 관하여 이렇게 말씀하셨습니다, "....네 아들 네 사랑하는 독자 이삭" (창 22:2).

그런데 하나님은 어느 날 아브라함에게 청천벽력과 같은 명령을 내리셨습니다. 그 명령을 인용하겠습니다, "....모리아 땅으로 가서, 내가 네게 지시하는 한 산 거기서 그를 번제로 드리라" (창 22:2). 이 명령은 인간적으로 지나치게 가혹한 것이었습니다. 왜 가혹합니까? 그 이유는 *번제* 때문입니다. 번제는 제물을 완전히 태워서 드리는 제사이기 때문입니다. 다른 말로 말하면, 아브라함은 그 아들 이삭을 태워 죽여야 한다는 것입니다. 얼마나 가혹한 시험입니까?

그런데 하나님은 아브라함에게 그 아들을 어디에서 죽이라고 했습니까? 모리아에 있는 산 위에서입니다. 그 모리아산 위에서 아브라함은 그의 사랑하는 독자인 이삭을 번제물로 드려야 하는 것입니다. 왜 하필이면 모리아산입니까? 모리아산은 삼일 길이나 되는 제법 멀리 있은 곳이었습니다 (창 22:4). 삼일씩이나 가면서 아브라함의 마음이 변할지를 시험한 것입니까? 아니면 그동안 마음 고생을 그만큼 더하라는 말입니까?

하나님은 사랑의 하나님이신데, 왜 아브라함을 이렇게 가혹하게 시험하셨습니까? 지금까지 하나님은 아브라함을 여러 모로 축복하셨습니다. 그리고 아브라함은 그 모든 축복을 하나님께 되돌려 드릴 각오도 된 사람이었습니다. 그러나 하나님이 원하시는 것은 그런 것들이 아니었습니다. 하나님이 고귀한 하나님의 나라를 건설하시기 위하여 요구하신 것은 아브라함이 가장 귀하게 여기시는 아들이었습니다.

아브라함은 이렇게 강변할 수도 있었습니다: "이삭은 하나님이 약속대로 주신 아들입니다. 그 아들을 통하여 하나님의 약속, 곧 큰 민족을 이루신다는 약속이 이루어져야 되기 때문에 절대로 안 됩니다." 그러나 하나님이 아브라함에게 요구하신 것은 그런 논박이 아닙니다. 하나님이 요구하신 것은 단순한 순종입니다. 아브라함은 하나님의 뜻과 자신의 이론을 가지고 밤새도록 갈등했을 것입니다. 그러나 결론은 하나밖에 없었습니다.

아브라함은 *순종*을 결정했습니다. 그 이유는 무엇이었습니까? 이삭은 하나님이 은혜로 주신 선물이기 때문입니다. 다시 말해서, 그 아들은 하나님의 것입니다. 하나님이 그 아들을 번제물로 바치라고 하실 때, 감정적으로는 받아들이기 어려운 명령이지만 의지적으로는 다른 방법이 없었습니다. 그 다음 날 아침 아브라함과 이삭은 죽음의 사흘 길을 출발했습니다. 번제 나무를 이삭에게 지우고 모리아산을 오를 때 이삭은 물었습니다, "불과 나무는 여기 있거니와 번제할 양은 어디 있나이까?" (창 22:7)

이 질문은 아브라함의 마음을 얼마나 아프게 했겠습니까? 그러나 아브라함은 인정을 억제하고 하나님의 말씀에 순종했습니다. 그 결과는 무엇이었습니까? 하나님은 완전히 바쳐진 이삭을 아브라함에게 되돌려 주셨습니다. 아브라함은 모리아산 위에서 자신을 송두리째 포기했고, 또 그 모리아산 위에서 완전한 승리를 얻었습니다. 이제야 아브라함은 하나님 나라의 건설에 쓰임 받을 수 있는 도구가 된 것입니다. 다시 말해서, 아브라함은 모리아산 위에서 자신을 완전히 비웠고, 그 결과 믿음의 조상이 되었던 것입니다.

2. 다윗

다음으로 다윗과 모리아산은 어떤 관련이 있습니까? 다윗이 왕이 된 후 이스라엘 나라는 그의 통치 아래 사방으로 확장되었습니다. 자연히 다윗의 명성은 널리 그리고 멀리 퍼져나갔습니다. 그러나 그 때부터 다윗에게 문제가 생기기 시작했습니다. 그 이유는 간단합니다. 그는 교만해졌고, 따라서 하나님을 의지하지 않았습니다. 그 결과 그는 유혹에 약한 연약한 인간으로 타락했습니다.

그의 교만 때문에 다윗이 유혹에 넘어간 실례 가운데 하나는 역대상 21장에 기록되어 있습니다. 그 유혹은 사탄의 충동을 이기지 못하고 이스라엘의 백성을 계수(計數)한 것입니다. 오늘날로 말하면 인구조사에 해당합니다. 이스라엘 백성을 계수할 때는 각 사람이 속전을 내는 것이 하나님의 가르침입니다 (출 30:12~16). 그러나 다윗은 하늘 높은 줄 모르고 높아져서 하나님의 법을 무시하고 백성의 계수를 강요했습니다. 그는 원래 겸손한 사람이었는데, 그 때는 말할 수 없이 교만한 사람이었습니다.

그 결과는 무엇이었습니까? 하나님은 다윗과 그 나라에 온역을 보내셨고, 이스라엘 백성은 순식간에 7만 명이나 죽었습니다. 다윗은 즉시 하나님 앞과 사람들 앞에서 그의 죄를 고백합니다: "다윗이 장로들로 더불어 굵은 베를 입고, 얼굴을 땅에 대고, 엎드려 하나님께 아뢰되, '명하여 백성을 계수하게 한 자가 내가 아니니이까? 범죄하고 악을 행한 자는 곧 내니이다. 이 양무리는 무엇을 행하였나이까? 청컨대 나의 하나님 여호와여, 주의 손으로 나와 내 아버지의 집을 치시고, 주의 백성에게 재앙을 내리지 마옵소서" (대상 21:16~17).

다윗은 교만했지만 동시에 남다른 겸손의 미덕을 지닌 하나님의 사람이었습니다. 그가 그처럼 겸손하게 회개하자, 하나님은 그에게 은총을 쏟아 부으셨습니다. 하나님은 징계도 내리시지만, 용서하고 싸매기도 하시기 때문입니다. 하나님은 다윗에게 오르난의 타작마당에서 단을 쌓고 번제와 화목제를 드리라고 말씀하셨습니다. 이런 말씀은 하나님의 용서와 회복을 의미합니다. 다윗은 그 명령에 따라 오르난에게서 그 타작마당을 사서 제물을 드리고 용서를 받습니다.

결국 다윗에게 모리아산은 긍휼과 은총의 장소가 되었습니다. 그리고 하나님은 그런 장소를 더욱 귀한 목적을 위하여 사용하셨습니다. 그것은 역대하 3장 1절에 기록되어 있습니다: "솔로몬이 예루살렘 모리아산에 여호와의 전 건축하기를 시작하니, 그 곳은 전에 여호와께서 그 아비 다윗에게 나타나신 곳이요, 여부스 사람 오르난의 타작마당에 다윗이 정한 곳이라."

그렇습니다! 다윗이 교만해져서 죄를 짓고 심판을 받았으나, 그 죄를 용서받은 곳은 바로 모리아산 위에서였습니다. 다윗은 자신의 죄악과 죄성을 너무나 깊이 체험했습니다. 그리고 그 죄를 용서할 뿐 아니라, 교제를 회복시켜 주는 하나님의 은혜를 체험했습니다. 바울 사도가 간증한 대로입니다: "죄가 더한 곳에 은혜가 더욱 넘쳤느니라"(롬 5:8). 이처럼 타락과 회복을 경험한 다윗은 진정으로 하나님의 사람이 되었던 것입니다.

이처럼 다윗은 인간의 됨됨이를 깊이 보게 되었습니다. 뿐만 아니라 그를 용서해 주셨고, 그의 됨됨이를 있는 그대로 받아 주시는 하나님의 "길고, 넓고, 깊고, 높은" 사랑을 모리아산 위에서 경험했습니다(엡 3:19). 그 때부터 비로소 그는 하나님 나라의 건설과 확장을 위하여 쓰임 받을 수 있는 도구가 된 것입니다. 왜냐하면 다윗은 그 때부터 한편 하나님을 진정으로 의지하게 되었고, 또 한편 다른 사람들을 이해할 수 있게 되었기 때문입니다.

3. 예수 그리스도

마지막으로 예수 그리스도와 모리아산은 무슨 관계가 있습니까? 이미 알아본 대로, 이스라엘에서 최초의 성전이 솔로몬에 의하여 모리아산 위에 건축되었습니다. 그 이후 모리아산은 이스라엘 민족에게 뿐 아니라 많은 사람들에게 영적으로 중요한 곳이 되었습니다. 왜냐하면 그 곳은 예배의 장소가 되었기 때문입니다. 그 곳은 거룩한 하나님이 죄 많은 사람들을 만나 주시는 장소가 되었습니다. 그 곳은 하나님의 뜻이 계시되는 장소가 되었습니다.

그 후 세월이 지나서 솔로몬 성전은 무너지고 그 대신 헤롯 성전이 지어졌습니다. 그러나 여전히 많은 사람들은 그 성전에서 하나님을 만나려고 애를 썼습니다. 그런데 하루는 어떤 젊은이가 그 성전에 나타나서 소와 양을 채찍으로 내어 쫓고, 돈 바꾸는 사람들의 돈을 쏟았습니다 (요 2:15). 그리고 그는 이렇게 선언했습니다, "내 아버지의 집으로 장사하는 집을 만들지 말라" (요 2:16).

그 젊은이는 누구입니까? 그분은 바로 예수 그리스도이십니다. 그분은 또 이렇게 선언하셨습니다: "너희가 이 성전을 헐라. 내가 사흘 동안에 일으키리라" (요 2:19). 이 선언의 의미는 무엇입니까? 그 의미는 이렇습니다. 지금까지는 하나님이 인간의 손으로 만든 성전에 임재하셨지만, 이제부터는 그렇지 않다는 것입니다. 왜냐하면 예수 그리스도는 육신이 되신 말씀이었고, 또 하나님의 임재를 드러내신 분이기 때문입니다 (요 1:14).

그런 사실을 확인하기 위하여 예수 그리스도는 이렇게 말씀하셨습니다, "그러나 예수는 성전 된 자기 육체를 가리켜 말씀하신 것이라" (요 2:21). 이 말씀의 의미는 하나님이 예수 그리스도 안에 계시다는 것입니다. 다시 말해서, 하나님은 그리스도 안에, 그리고 그리스도는 하나님 안에 계시다는 말입니다 (요 14:10). 그러므로 예수님을 만난 사람은 하나님을 만난 것입니다 (요 14:7~11).

"너희가 이 성전을 헐라. 내가 사흘 동안에 일으키리라"고 하신 말씀의 의미를 좀더 살펴보겠습니다. 다윗처럼 죄를 범하고, 죄의식에 사로잡혀서 죄의 심판을 두려워하는 모든 죄인들을 용서하시기 위하여 예수님은 십자가 위에서 죽으셨다는 뜻입니다. 뿐만 아니라, 그처럼 죽으셨으나, 아브라함이 이삭을 번제물로 드렸을 때 그 이삭을 돌려받은 것처럼, 예수 그리스도는 사흘 후에 다시 살아나셨다는 뜻입니다.

아브라함과 다윗이 모리아산 위에서 보여 준 신앙의 발자취를 예수 그리스도도 밟으셨습니다. 예수 그리스도는 인간의 손으로 만들어진 성전에서가 아니라, 모리아산 위에서 죽으셨습니다. 아 브라함의 번제처럼, 그리고 다윗의 속죄제처럼, 예수 그리스도는 모리아산 위의 해골이라는 곳에 세워진 십자가 위에서 죽으셨습니다. 그 모리아산 위에서 그분의 몸이 찢겨졌고, 피가 쏟아졌습니다.

예수 그리스도가 모리아산 위에서 그처럼 죽으신 것은 우리의 죄와 심판 때문이었습니다. 그러나 그분의 사역은 그것으로 끝나지 않았습니다. 그분은 죽은 지 삼일 만에 다시 살아나심으로 우리의 죄가 용서되었다는 사실을 확인하셨습니다 (롬 4:25). 우리의 죄와 심판을 인식하고 십자가 앞에 나온 우리를 하나님은 당신의 나라 백성으로 삼아 주십니다. 그리고 그 나라를 위하여 사용하십니다.

III. 결론

그렇다면 이 모리아산 위에서 보여 준 아브라함과 다윗과 예수 그리스도의 신앙은 우리에게 무엇을 가르쳐 줍니까? 다음과 같은 세 가지 중요한 교훈을 찾을 수 있습니다. **첫째**, 하나님 나라의 건설과 확장에 쓰임 받을 그리스도인들은 아브라함처럼 *신앙의 시험*을 통과해야 된다는 사실입니다. 어떤 형태의 시험이든 그 시험은 우리의 벌거벗은 모습을 있는 그대로 드러냅니다. 그 시험이 가정의 문제이든, 대인 관계의 문제이든, 신앙의 문제이든, 경제적인 문제이든, 건강의 문제이든 결국 우리의 신앙의 참된 모습을 드러냅니다.

어떤 성경학자는 이렇게 말했습니다, "모든 시험은 그 원인이 무엇이든 결국 각자가 가장 귀중히 여기는 자아의 문제입니다." 그리고 그 자아가 알알이 드러나면 모든 체면을 잃게 됩니다. 온갖 수치심에 사로잡히게 됩니다. 전후좌우 어느 곳을 돌아보아도 해결책을 발견하지 못합니다. 어떻게 할 바를 몰라 십자가 앞으로 나오게 되면 주님은 은혜를 부어 주십니다. 그리고 시험을 극복하게 하십니다.

결과적으로 시험은 필요악(必要惡)일 수 있습니다. 한편 시험은 소극적으로 우리 속에 있는 육신의 찌끼를 걸러내며, 또 한편 적극적으로는 하나님의 뜻에 조건 없이 순종하는 신앙인으로 만듭니다. 다시 말해서, 시험은 우리로 하여금 하나님 나라의 건설에 적극적으로 참여할 수 있는 자격을 갖추게 합니다. 당신은 혹시 시험당하고 있지 않습니까?

그러면 야고보의 권면에 귀를 기울여 봅시다. 야고보는 시험을 당하는 성도들에게 이렇게 권면합니다: "내 형제들아, 너희가 여러 가지 시험을 만나거든 온전히 기쁘게 여기라. 이는 너희 믿음의 시련이 인내를 만들어 내는 줄 너희가 앎이라. 인내를 온전히 이루라. 이는 너희로 온전하고 구비하여 조금도 부족함이 없게 하려 함이라" (약 1:2~4). 이런 약속을 부여잡고 시험을 이기기를 바랍니다.

둘째, 하나님 나라의 건설에 쓰임 받을 그리스도인들은 다윗처럼 자신의 *죄성*을 깊이 인식해야 합니다. 자신뿐 아니라 모든 인간 속에 있는 죄성을 깊이 인식해야 합니다. 그리고 한 발 더 나아가서 그 죄성을 다루시고 해결해 주시는 하나님의 은혜도 깊이 체험해야 합니다. 그리할 때 우리는 한편 하나님을 진심으로 의지하고, 또 한편 다른 사람들을 이해할 수 있습니다.

하나님의 마음에 합한 사람으로 알려진 다윗도 교만의 죄를 범했다면 우리 연약한 그릇들은 두말할 여지도 없습니다. 택한 자들까지도 넘어뜨리며, 서로를 사랑하지 못하게 하는 사탄의 궤계에 농락당하지 말아야 합니다. 겸손히 주님만을 의지해야 합니다. 베드로의 충고에 귀를 기울여 봅시다: "하나님이 교만한 자를 대적하시되, 겸손한 자들에게는 은혜를 주시느니라" (벧전 5:5).

셋째, 하나님 나라의 건설에 쓰임 받을 그리스도인들은 예수 그리스도의 죽음과 부활을 믿어야 합니다. 뿐만 아니라, 이 사실만이 죄인을 구원한다는 확신을 가지고 그분의 죽음과 부활을 "때를 얻든지 못 얻든지" 전할 각오를 가져야 합니다 (딤후 4:2). 한 발 더 나아가 하나님 나라의 건설에 쓰임 받을 사람들은 예수님과 함께 *십자가에 못 박혀야* 합니다. 그러면 그리스도와 함께 부활의 능력을 경험합니다.

복음전도를 통해 하나님 나라의 확장에 큰 공헌을 한 바울은 이렇게 공언했습니다, "나는 날마다 죽노라!" (고전 15:31). 그는 또 다른 곳에서 이렇게 고백했습니다, "내가 그리스도와 함께 십자가에 못 박혔노라" (갈 2:20). 이런 고백은 달리 표현하면 다음과 같이 말할 수 있을 것입니다, "나는 날마다 부활의 능력을 경험하노라!"; "나는 새 생명 가운데서 행하노라" (롬 6:4).

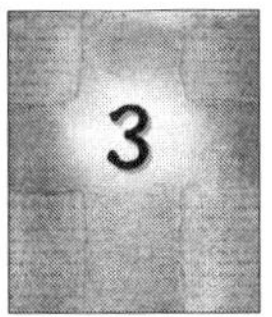

하나님의 나라와 기도

"아브라함과 다윗의 자손 예수 그리스도의 세계라."

Ⅰ. 서론

지금까지 우리는 "아브라함과 다윗의 자손 예수 그리스도의 세계"라는 말씀을 통하여 "언약의 족보"와 "모리아산 위에서"라는 제목으로 하나님 나라의 건설과 연관시켜 살펴보았습니다. 이제 "하나님의 나라와 기도"라는 제목으로 살펴봄으로, 하나님 나라의 건설에 기도가 없어서는 안 될 필연적인 요소라는 사실을 찾아보고자 합니다. 그리함으로 우리는 아브라함과 다윗과 예수 그리스도가 드린 기도를 접하면서 함께 은혜를 나누고자 합니다.

Ⅱ. 본론

아브라함은 기도의 사람이었습니다. 다윗도 역시 기도의 사람이었습니다. 그리고 기도의 절정은 역시 예수 그리스도의 생애에서 찾을 수 있습니다. 그러나 이 세 분의 기도를 자세히 살펴보면 그 강조점이 각각 다릅니다. 아브라함은 심판과 파멸을 앞둔 조카를 위하여 중보기도를 합니다. 그러나 다윗은 자신의 문제를 놓고 울부짖습니다. 예수 그리스도는 제자들을 염두에 두고 기도하십니다. 이 세 분의 기도는 하나님 나라의 건설에 이바지하고자 하는 사람들이 본받아야 할 모형이기도 합니다. 이 세분의 기도를 살펴보면서 기도의 모형을 찾아보겠습니다.

1. 아브라함

먼저 아브라함의 기도를 보겠습니다. 아브라함은 하나님의 벗, 즉 친구라고 성경은 묘사합니다 (대하 20:7, 약 2:23, 사 41:8). 아브라함은 하나님과 얼마나 가까운 친구였습니까? 하나님과 아브라함의 관계는 은밀한 것을 서로 나눌 만큼 가까웠습니다. 그런 친구의 관계 때문에 어느 날 하나님은 아브라함에게 나타나서서 특별한 비밀을 알려 주셨습니다. 그 비밀을 알아보기 위하여 창세기 18장 17~21절을 읽어보겠습니다:

여호와께서 가라사대, "나의 하려는 것을 아브라함에게 숨기겠느냐? 아브라함은 강대한 나라가 되고, 천하 만민은 그를 인하여 복을 받게 될 것이 아니냐? 내가 그로 그 자식과 권속에게 명하여 여호와의 도를 지켜 의와 공도를 행하게 하려고 그를 택하였나니, 이는 나 여호와가 아브라함에게 대하여 말한 일을 이루려 함이니라." 여호와께서 또 가라사대, "소돔과 고모라에 대한 부르짖음이 크고 그 죄악이 심히 중하니, 내가 이제 내려가서 그 모든 행한 것이 과연 내게 들린 부르짖음과 같은지 그렇지 않은지 내가 보고 알려 하노라."

이 말씀에서 우리는 다음과 같은 세 가지 사실을 찾을 수 있습니다. 첫째, 하나님은 친구인 아브라함에게 당신의 뜻을 숨길 수 없다고 말씀하셨습니다. 만일 숨긴다면 진정한 친구가 될 수 없다는 의미를 함축하는 말씀입니다 (17절). 둘째, 하나님은 이미 아브라함과 세운 언약을 재확인하셨습니다 (18~19절). 셋째, 하나님은 소돔과 고모라에 대한 죄악을 그냥 내버려 두지 않으시겠다는 언질을 주셨습니다 (20~21절).

이 놀라운 계시에 대하여 아브라함은 어떻게 반응했습니까? 그는 특별히 말씀을 깨닫게 해주신 사실에 감격할 수도 있었습니다. 하나님의 놀라운 계시를 받고 그것을 자랑하며, 감사하며, 더 깊은 계시를 받으려고 노력할 수도 있었습니다. 뿐만 아니라, 아브라함은 자신에 대한 크나큰 축복의 약속에 눈물을 흘리며 감사할 수도 있었습니다. 그러나 아브라함의 위대함은 거기에 있지 않았습니다. 그는 자신에게 약속된 축복 때문에 소돔과 고모라에게 임할 심판을 간과(看過)하지 않았습니다. 그의 마음과 영혼은 곧 심판을 받아 멸망할 소돔과 고모라에 대한 연민과 동정으로 가득 찼습니다.

그 동정은 값싼 눈물이나 의미 없는 말로 끝나지 않았습니다. 아브라함은 하나님 앞에 나아와 사생결단의 중보기도를 시작하였습니다. 그는 이렇게 시작합니다, "주께서 의인을 악인과 함께 멸하시려나이까?" (23절). 이것은 하나님의 말씀에 기초한 담대한 질문이었습니다. 왜냐하면 하나님은 의인을 멸망시키실 수 없기 때문입니다. 아브라함은 담대하면서도 겸손하게 기도하였습니다. 그의 겸손을 들어보십시오, "티끌과 같은 나라도 감히 주께 고하나이다" (27절). 그렇습니다! 아브라함은 전지전능하신 하나님에게 나아와 떼를 쓸 자격이 하나도 없습니다. 그러나 하나님은 티끌과 같은 피조물이요 죄인이라는 사실을 인정하고 나온 아브라함의 기도를 들으셨습니다.

아브라함은 그뿐 아니라 끈질기게 기도했습니다. 그의 기도를 들어보십시오: "그 성 중에 의인 오십이 있을지라도 주께서 그 곳을 멸하시고, 그 오십 의인을 위하여 용서치 아니하시리이까?" (24절). 그는 이런 식으로 여섯 번씩이나 간구합니다. 45인, 40인, 30인, 20인.... 아브라함은 마지막으로 10인까지 내려옵니다. "거기서 십 명을 찾으시면 어찌 하시려나이까?" (32절). 그리고 그의 끈질긴 기도는 모두 긍정적인 반응을 얻어냈습니다.

아브라함은 누구를 위하여 기도했습니까? 첫째는 소돔과 고모라 성입니다. 둘째는 그 안에 살고 있는 그의 조카 롯과 그 식구들이었습니다. 아브라함이 롯을 위하여 그토록 끈질기게 기도한 이유는 무엇입니까? 롯이 믿음직한 조카였기 때문이었습니까? 아니면 롯과 좋은 관계를 유지하고 있었기 때문이었습니까? 롯은 약 10년 전에 무정하게 떠난 조카였습니다. 그러면 왜 아브라함은 그 조카와 식구들을 위하여 그토록 끈질기게 기도하였습니까?

그 이유는 간단합니다! 하나님이 아브라함에게 소돔과 고모라의 죄와 그에 상당한 심판을 보여 주셨기 때문입니다. 하나님은 그분의 말씀에 무감각하고 죄에 찌든 소돔과 고모라 사람들에게 직접 보여 주시지 않았습니다. 하나님이 준비된 아브라함에게 그분의 뜻을 알리신 이유는 그가 소돔과 고모라를 위하여 중보기도를 할 수 있기 때문이었습니다. 물론 아브라함은 하나님의 뜻을 알자 즉시 중보기도를 끈질기게 하였습니다.

하나님의 말씀을 토대로 한 기도는 항상 응답을 받습니다. 더구나 그처럼 생명을 건 끈질긴 기도는 반드시 응답을 받습니다. 아브라함의 기도는 두 가지를 일구어 냈습니다. 첫째는 하나님의 심판이 늦추어졌습니다 (창 19:15~16). 둘째는 네 명이나 구원을 빚있습니다. 그들은 롯과 그의 아내, 그리고 두 딸이었습니다. 아브라함은 기도를 통하여 그 친척들을 구원해 냄으로 하나님 나라의 확장에서 중보기도의 본을 보여 준 중요한 인물이 되었습니다.

2. 다윗

다음으로 다윗의 기도를 보겠습니다. 다윗은 "하나님의 마음에 합한 사람"이라는 고귀한 칭호를 얻었습니다 (행 13:22, 삼상 13:14).

그는 강할 때에도 하나님을 의지하여 기도하였고, 약할 때에도 하나님을 의지하여 기도한 겸손의 사람이었기 때문입니다. 이처럼 하나님을 의지하고 기도하는 다윗을 하나님은 초라한 목동에서 영광의 통치자로 삼으셨습니다. 왕이 된 후에도 항상 하나님을 의지하여 기도한 그에게 17년간의 번성과 영광이 허락되었습니다.

그처럼 높아진 그의 생애에 무서운 폭풍이 몰아쳤습니다. 사무엘하 11장에 의하면, 다윗은 군대와 하나님의 언약궤를 전쟁터에 보내고 자신은 예루살렘에 남아 있습니다. 하나님의 언약궤는 하나님의 임재와 인도를 상징합니다. 그런데 다윗이 하나님의 언약궤와 함께 싸움터에 나가지 않다니, 이것이 웬 말입니까? 그는 게을러졌습니다. 그는 교만해졌습니다. 그는 여러 가지 핑계를 대기 시작했습니다. 그는 하나님과의 동행을 피하고 혼자만 예루살렘에서 평안히 쉬었습니다. 그는 하나님과 동행하는 싸움을 피하고 하나님 없는 안식을 구했습니다.

그 결과는 무엇입니까? 우리가 아는 대로 그는 밧세바와 동침했습니다. 밧세바가 임신한 사실을 안 다윗은 그 죄를 숨기려고 밧세바의 남편 우리아를 죽게 합니다. 그는 아차 하는 순간적인 실수로 "살인하지 말라"는 제 6계명을 범했습니다. "간음하지 말라"는 제 7계명도 범했습니다. "도적질하지 말라"는 제 8계명을 깨뜨리고 남의 아내도 도적질했습니다. "네 이웃에 대하여 거짓 증거하지 말라"는 제 9계명도 어겼습니다. "네 이웃의 아내나 그의 남종이나....그의 소유를 탐내지 말라"는 제 10계명도 어겼습니다.

결국 그는 하나님의 말씀을 무시함으로 하나님도 무시한 꼴이 되었습니다. 따라서 그는 1~4계명도 어긴 셈이 되었습니다.

그 후 그는 행복했습니까? 물론 아닙니다! 그는 주님이 주시는 기쁨을 누렸습니까? 아닙니다, 그는 구원의 기쁨도 잃었습니다. 하나님이 다 알고 계시다는 생각 때문에 그는 깊은 죄의식에 사로잡혔습니다. 그는 그 죄의식을 떨쳐낼 수가 없어서 이렇게 고백했습니다: "내가 토설치 아니할 때에 종일 신음하므로 내 뼈가 쇠하였도다. 주의 손이 주야로 나를 누르시오니, 내 진액이 화하여 여름 가물에 마름 같이 되었나이다" (시 32:3~4).

이처럼 괴로워하며 발버둥칠 때 하나님은 선지자 나단을 그에게 보내어 꾸짖으십니다: "네가 여호와의 말씀을 업신여기고 나 보기에 악을 행하였느뇨?" (삼하 12:9) 전권을 쥔 다윗 왕은 나단의 말을 부인할 수도 있었습니다. 논리를 전개하며 자기의 정당성을 주장할 수도 있었습니다. 밧세바에게 책임을 전가시킬 수도 있었습니다. 아니면 나단을 투옥시키거나 죽일 수도 있었습니다.

그러나 여기에 다윗의 위대함이 있습니다. 그는 죄를 인성하고 회개하기 시작합니다. 그의 회개의 기도는 저 유명한 시편 32편과 51편에 기록되어 있습니다. 자신이 하나님 앞에 죄를 범한 사실을 철저히 자백하며 회개합니다. 태어나면서부터 가지고 온 원죄도 고백합니다. 마음이 더럽다는 것도 고백합니다. 하나님에게 버림받을 두려움도 토해냅니다. 그가 숨은 죄를 다 고백했을 때, 하나님은 그를 용서하시고 구원의 기쁨을 회복시켜 주셨습니다.

이것이 다윗이 "하나님의 마음에 합한 사람"이라고 불린 이유 중 하나입니다. 그는 비록 한 순간의 실수로 연쇄적인 죄를 지었으나, 하나님의 말씀 앞에서 죄를 토해냈습니다. 뿐만 아니라, 그는 나단을 비롯한 모든 사람 앞에서 죄를 시인했습니다. 그렇지 않다면 어떻게 회개의 기도가 시편에 기록되었겠습니까? 회복의 은총을 경험한 다윗은 거기에서 중단하지 않습니다. 그 하나님을 만방에 전파하기 시작합니다. 다윗은 기도를 통하여 내적으로 깨끗해진 후에야 비로소 외적으로 그 은혜의 경험을 전할 수 있었습니다. 그리고 하나님 나라의 확장에 이바지 할 수 있었습니다.

3. 예수 그리스도

아브라함은 다른 사람들의 구원을 위하여 끈질기게 기도했습니다. 다윗은 자신의 문제를 위하여 기도했습니다. 그러면 마지막으로 하나님의 아들이신 예수 그리스도는 무엇을 위하여 기도하셨습니까? 그분의 대표적인 기도는 요한복음 17장에 나타나 있습니다. 그 기도는 다음과 같이 세 가지로 분류될 수 있습니다: 1) 자신을 위한 기도 (1~8절), 2) 제자들을 위한 기도 (9~19절), 3) 모든 믿는 자들을 위한 기도 (20~26절). 이제 두 번째와 세 번째 기도만 간단히 소개하고자 합니다. 왜냐하면 첫 번째 기도도 결국은 두 번째와 세 번째를 위한 기도였기 때문입니다.

첫 번째, 제자들을 위한 기도입니다. 예수님은 제자들이 (1) 기쁨으로 충만한 삶을 살 수 있도록 기도하였습니다 (13절). 물론 이것은 성령 충만한 신앙 생활을 의미합니다. (2) 그 다음, 제자들이 "악에 빠지지 않게 보전"되기를 위하여 기도하셨습니다 (15절). (3) 그리고 그 제자들이 진리의 말씀으로 거룩하게 되기를 위하여 기도하셨습니다 (17절). 이 모든 기도는 결국 한 가지 내용을 다른 측면에서 본 것입니다. 하나님의 말씀으로 무장될 때만이 악과 싸워 이길 수 있으며, 그리할 때 기쁨이 충만하게 됩니다.

두 번째, 예수님은 그 제자들을 통하여 믿음을 갖게 될 모든 신앙인들을 위하여 기도하셨습니다. 그 기도 내용은 한 가지로 요약될 수 있습니다. 그것은 믿는 모든 사람들이 하나가 되는 것입니다. 그리스도의 사랑으로 하나가 될 때만이 세상이 예수님을 믿게 되기 때문입니다. 그러나 믿는 모든 사람들이 하나가 되는 일은 무엇보다도 세상 사람들을 그리스도 앞으로 인도할 제자들에게 달려 있습니다. 그런 이유 때문에 예수님은 제자들을 위하여 기도하신 후, 그들을 통해 믿을 사람들을 위하여 기도하셨습니다.

그 기도를 보기 위하여 21절을 인용하겠습니다: "아버지께서 내 안에 내가 아버지 안에 있는 것같이, 저희도 다 하나가 되어 우리 안에 있게 하사, 세상으로 아버지께서 나를 보내신 것을 믿게 하옵소서." 예수님은 어떻게 해야 하나님의 나라가 확장되는지를 너무나도 잘 아셨습니다. 그리스도인들이 조건 없이 하나로 연합될 때입니다. 그리고 그런 연합은 기도의 뒷받침이 없이는 불가능한 것입니다. 그런 이유 때문에 예수님은 그들의 연합을 위하여 기도하셨던 것입니다.

Ⅲ. 결론

그러면 아브라함과 다윗과 예수 그리스도가 보여 준 기도는 오늘날의 우리에게 무엇을 가르쳐 줍니까? 그들의 기도는 우리뿐 아니라, 하나님 나라의 확장에 이바지하고자 하는 모든 그리스도인들에게 기도의 내용과 방법을 분명히 알려 줍니다. 그들이 각각 보여 준 기도의 본을 따라 우리가 기도한다면 개인적으로 뿐 아니라 가정적으로도, 그리고 교회적으로도 놀라운 변화가 있을 것입니다.

첫째, 아브라함처럼 하나님을 알지 못하고 허무한 인생을 살아가는 *세상 사람들을 위하여 중보기도* 해야 합니다. 우리도 아브라함처럼 말씀도 깨닫고 축복도 받았습니다. 그러나 그것으로 기뻐하지 말고, 나의 가족 중에서, 나의 친척 중에서, 나의 친구 중에서 예수 그리스도를 알지 못하고 죽음과 심판을 향하여 달려가는 영혼들의 구원을 위하여 기도해야 합니다. 담대하게, 그러나 겸손하게, 그리고 끈질기게 기도해야 합니다. 대상을 분명히 하고 구체적으로 기도해야 합니다. 무엇보다도 사랑과 연민의 정을 가지고 기도해야 합니다. 눈물로 기도해야 합니다. 당신은 당신의 가족, 친척, 친구, 세상을 위하여 눈물의 기도를 드린 적이 언제였습니까?

하나님은 그들에게 직접 말씀하거나 다가가지 않으실 것입니다. 왜냐하면 그들의 죄로 인하여 그들과 하나님 사이에 큰 간격이 생겼기 때문입니다 (사 59:1~2). 그들은 하나님의 실존에 대해서도 무지합니다. 하나님의 사랑에 대해서도 무감각합니다. 그들은 하나님의 심판에 대해서도 두려움이 없습니다. 그들은 어제처럼 오늘도 죄악 가운데 살며, 내일도 오늘처럼 죄악 가운데서 살 것입니다. 그런 이유 때문에 하나님은 우리에게 그들의 운명을 알려 주면서 기도를 하게 하십니다.

둘째, 우리는 아브라함처럼 다른 사람의 구원을 위하여 기도할 뿐 아니라, 다윗처럼 *나 자신의 내적 성결을 위하여 기도해야* 합니다. 아무도 유혹과 죄에 대하여 큰 소리를 칠 수 없습니다. 자신의 신앙을 위하여 늘 기도해야 합니다. 유혹이 올 때도 기도해야 합니다. 죄를 지었을 때 회개의 기도를 해야 합니다. 기도를 통하여 내적으로 깨끗해질 때 우리는 하나님 나라의 확장에 참여할 수 있습니다.

그 이유는 간단합니다! 하나님은 범죄한 그리스도인들을 사용하지 않으시기 때문입니다. 하나님은 그들의 기도도 듣지 않으십니다. 다윗은 다른 곳에서 이런 고백을 한 적이 있습니다, "내가 내 마음에 죄악을 품으며 주께서 듣지 아니하시리라" (시 66:18). 하나님은 죄를 품고 있는 사람들과 동행하실 수 없기 때문입니다. 우리는 죄 문제를 해결하기 위하여 겸손히 회개해야 합니다. 그리고 다시 십자가 앞으로 나아와서 주님의 피로 깨끗함을 받아야 합니다. 그리할 때만이 우리는 하나님 나라의 확장에 참여할 수 있습니다.

셋째, 예수님처럼 우리들도 *서로를 위하여 기도해야* 합니다. 서로를 위하여 기도하면서, 악으로부터 보존되도록, 하나님의 말씀으로 거룩하게 되도록, 기쁨이 충만한 삶을 살 수 있도록 기도해야 합니다. 그리고 무엇보다 우리 모든 그리스도인들이 사랑 안에서 하나가 되기 위하여 기도해야 합니다. 하나가 되지 못하는 이유는 하나밖에 없습니다. 그것은 바로 *나* 자신 때문입니다. 어느 누구라도 어떤 조건을 세워 사랑하지 못하여 하나가 되지 못하는 사람은 그 자신 때문에 하나가 되지 못합니다. 그러나 우리가 예수 그리스도의 사랑 안에서 하나가 될 때 세상 사람들이 우리를 통하여 예수님을 믿게 됩니다. 그러면서 하나님의 나라가 확장되어 가는 것입니다.

우리 교회는 이 세 가지를 놓고 항상 기도하는 교회가 되어야 합니다. 구역회에서도, 남·여전도회에서도, 청년회에서도, 주일예배에서도 기도해야 합니다: (1) 불신자의 구원을 위하여 기도하며, (2) 자신의 성결을 위하여 기도하며, (3) 서로를 위하여 "하나"가 되기 위하여 기도해야 합니다. 이처럼 기도하는 교회만이 하나님 나라의 확장에 이바지할 수 있기 때문입니다.

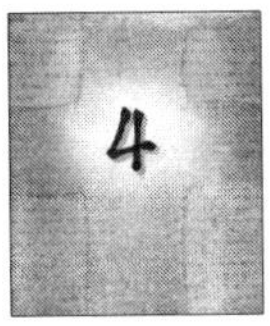

하나님의 나라를 위한 자료

"아브라함과 다윗의 자손 예수 그리스도의 세계라."

I. 서론

우리는 지금까지 같은 본문으로 *언약의 족보, 모리아산 위에서,* 그리고 *하나님의 나라와 기도*라는 측면에서 각각 살펴보았습니다. 이제 신약성경이 "아브라함과 다윗의 자손 예수 그리스도의 세계"로 시작되는지 조금씩 이해할 것 같습니다. 하나님 나라의 건설과 확장은 이 세 분, 아브라함과 다윗과 예수 그리스도의 생애를 통하여 보여 준 원리로 이루어지기 때문입니다. 이제 이 세

분을 통하여 나타난 대로, 하나님 나라의 확장을 위하여 어떤 자료가 사용되는지를 보면서 은혜를 나누고자 합니다.

II. 본론

하나님의 나라는 회개와 믿음을 통하여 거듭난 사람들로 구성됩니다. 그리고 그들은 교회라는 신앙 공동체에서 믿음과 삶과 소망을 나눕니다. 그리고 하나님은 그들을 통치하시면서 당신의 나라를 일구어가십니다. 그런데 교회를 통하여 표출되는 하나님의 나라는 맨손으로 이루어지지 않습니다. 거기에는 여러 가지의 자료가 있어야 된다는 말입니다. 그런데 그 자료는 하나님의 통치를 받는 사람들을 통하여 제공됩니다.

1. 아브라함

믿음의 조상 아브라함은 하나님의 나라를 위하여 어떤 자료를 제공했습니까? 그것을 알아보기 위하여 창세기 14장 20절 후반부를 보겠습니다, "....아브람이 그 얻은 것에서 십분 일을 멜기세덱에게 주었더라." 먼저 이 내용의 배경을 살펴보겠습니다. 그 당시 네 나라의 연합군이 소돔과 고모라와 전쟁을 일으켰습니다. 그 네 나라는 시날, 엘라살, 엘람 및 고임이었습니다 (창 14:1). 그 연합군은 소돔과 고모라를 패배시켰습니다. 그리고 그 곳의 온갖 재물과 아브람의 조카 롯도 잡아갔습니다 (창 14:11~12).

이 소식을 들은 사람은 다름 아닌 아브람이었습니다. 그는 집에서 훈련시킨 작은 무리를 데리고 밤중에 기습하여 조카인 롯을 비롯하여 그 식구들과 재물을 찾아옵니다. 돌아오는 길에 살렘 왕이요 하나님의 대제사장인 멜기세덱을 만납니다. 그리고 멜기세덱은 아브람을 위하여 세 가지를 합니다. 첫째, 떡과 포도주를 주었습니다 (14:18). 둘째, 아브람을 축복하였습니다 (14:19). 셋째, 하나님의 도우심 때문에 싸움에서 이겼다는 선언을 했습니다 (14:20).

아브람도 318명이라는 작은 무리로 네 나라의 연합군을 이겼을 뿐 아니라, 목적대로 조카를 비롯한 모든 것을 되찾을 수 있다는 것이 하나님의 도움이 아니면 불가능하다는 것을 쉽게 인정할 수 있었습니다. 아브람은 즉시 그가 얻은 것의 십분의 일을 멜기세덱에게 바쳤습니다. 그 결과 그는 성경에서 최초로 그 수입의 십분의 일을 바쳐 후대에 영원한 본을 남긴 믿음의 조상이 되었습니다.

아브람이 바친 십일조는 하나님이 모든 축복과 물질익 공급자라는 사실을 시인하는 믿음의 행위입니다. 그러면 아브람은 왜 십일조를 드렸습니까? 멜기세덱은 그 십일조를 받아서 어떻게 사용했습니까? 우리는 그 해답을 얻기 위하여 모세의 가르침을 참고해야 합니다. 첫째, 십일조는 성막에서 봉사하는 하나님의 사람들, 곧 레위인들과 제사장들의 생활비로 사용했습니다 (민 18:21~24).

둘째, 십일조는 성소에서 드리는 예배와 관련된 비용으로 사용되었습니다 (신 14:22~23). 성소를 관리하며 유지하는 데도 역시 물질이 필요했습니다. 셋째, 물질적인 도움을 필요로 하는 사람들을 위하여 사용했습니다. 예를 들면, 가난한 사람들은 물론이고 선교에 헌신한 사람들이 이 범주에 들어갑니다 (신 14:28~29). 십일조가 이렇게 사용됨으로 하나님의 나라는 확장되었습니다.

2. 다윗

다윗은 하나님과 항상 깊이 교제하는 사람으로서 성전을 건축하기 원했습니다. 왜냐하면 그 성전에 하나님이 임재하시어, 이스라엘 백성을 만나 주시기를 바랐기 때문입니다. 그뿐 아니라, 그 성전에서 하나님의 뜻도 알려 주시며, 동시에 그의 백성들을 축복하시기를 바랐기 때문입니다. 그러나 다윗은 피를 많이 흘려 성전 건축을 허락받지 못했습니다. 그 대신 그의 아들 솔로몬이 성전을 건축했습니다.

마침내 성전이 완성되자 하나님이 불과 구름 가운데 영광으로 그 성전에 임재하셨습니다 (대하 7:1). 그 후 하나님이 이스라엘 백성을 축복하셨다는 소식이 세계 여러 나라에 전해졌습니다. 그 결과 원근 각처에서 그 하나님을 만날 뿐 아니라, 하나님이 이스라엘 백성을 어떻게 축복하셨는지를 직접 목격하고자 사방에서 사람들이 구름처럼 몰려들었습니다. 그리고 그들은 하나님의 역사를 목도하였습니다. 결과적으로 하나님의 나라가 확장되어갔습니다.

그런데 비록 솔로몬이 성전을 건축하였으나, 그 준비는 하나님의 마음에 합한 종 다윗이 이미 준비하였었습니다. 이 점이 다윗의 위대함입니다. 다윗은 하나님의 전을 사모하였습니다. 그런 마음 때문에 다윗은 먼저 자신의 금 삼천 달란트와 은 칠천 달란트를 드렸습니다 (대상 29:4). 이것은 현재의 금액으로는 1천 6백억 원에 해당되는 엄청난 액수입니다. 그렇게 바치고 그는 이렇게 말했습니다: "....내 마음에 내 하나님의 전을 사모하므로, 나의 사유의 금, 은으로 내 하나님의 전을 위하여 드렸노니" (대상 29:3).

그리고 다윗은 그의 백성에게 이렇게 물었습니다, "오늘날 누가 즐거이 손에 채워 여호와께 드리겠느냐?" (대상 29:5) 이에 지도자들은 물론 온 백성이 하나님의 전을 위하여 즐거이 바쳤습니다. 금 오천 달란트와 놋 일만 팔천 달란트와 철 십만 달란트 외에도 많은 보석을 바쳤습니다 (대상 29:7~8). 이것은 금액으로 거의 환산하기 어려운 막대한 자금입니다. 이처럼 다윗과 그 백성이 기쁘게 그리고 과감히 바친 것으로 하나님의 성전이 세워졌습니다.

3. 예수 그리스도

하나님 나라의 건설을 위하여 아브라함은 십일조를 바쳤고, 다윗은 많은 금 달란트를 바쳤습니다. 그러면 예수 그리스도는 무엇을 바치셨습니까? 예수 그리스도는 모든 것을 바치셨습니다. 그분은 하나님의 나라를 위하여 하늘나라의 모든 영광을 버리셨습니다. 이 세상을 창조하신 창조주이신 그분은 이 세상의 영광도 다

버리셨습니다. 마귀가 천하만국과 그 영광을 보여 주면서 시험했지만 그것을 거부하셨습니다. 오히려 예수님은 이렇게 말씀하시면서 그의 적나라한 모습을 보여 주셨습니다: "여우도 굴이 있고, 공중의 새도 집이 있으되, 인자는 머리 둘 곳이 없도다" (눅 9:58).

그뿐입니까? 아닙니다! 예수님은 가장 귀중한 자신까지도 포기하셨습니다. 오직 하나님의 나라를 위해서 말입니다! 이런 자신의 포기를 다음과 같이 표현하셨습니다, "내가 진실로 진실로 너희에게 이르노니, '한 알의 밀이 땅에 떨어져 죽지 아니하면 한 알 그대로 있고, 죽으면 많은 열매를 맺느니라. 자기 생명을 사랑하는 자는 잃어버릴 것이요, 이 세상에서 자기 생명을 미워하는 자는 영생하도록 보존하리라'" (요 12:24~25).

여기에서 많은 열매는 회개와 믿음을 거쳐 예수 그리스도를 영접한 구원받은 사람들을 가리킵니다. 그리고 그들은 하나님의 나라를 구성하는 사람들입니다. 바로 이런 하나님의 나라를 위하여 예수님은 공생애를 시작하시면서 이렇게 외치셨습니다, "회개하라. 천국이 가까웠느니라" (마 4:17). 그러면 예수님은 어떻게 하나님의 나라를 건설하시겠다는 것입니까? 그것은 죽음을 통해서입니다. 그 이유 때문에 예수님은 한 알의 밀이 되어 죽지 않으면 안 되셨습니다.

예수 그리스도는 십자가 위에서 저 처절하고 참혹하게 죽을 죽음을 앞에 놓고 이렇게 애쓰며 기도하셨습니다, "내 아버지여, 만일 할 만하거든 이 잔을 내게서 지나가게 하옵소서!" (마 26:39) 이 죽음의 잔, 피의 잔, 인류의 죄 값의 잔은 너무나 잔인하기만 했습니다. 그러나 하나님 나라의 건설을 생각하며 이렇게 기도를 계속하셨습니다, "그러나 나의 원대로 마옵시고 아버지의 원대로 하옵소서!" (마 26:39)

예수 그리스도는 하나님의 나라를 이 땅에서 이루기 위하여 이 세상에 오셨습니다. 그리고 그 목적을 위하여 짧은 생애를 영위하셨고, 마침내 그 몸과 피를 희생의 제물로 드렸습니다 (히 9:12). 그것이 바로 하나님의 나라를 건설하는 방법이었습니다. 그 이후 누구든지 십자가 위에서 죽으신 예수 그리스도 앞으로 나오면 하나님 나라의 백성이 되게 하셨습니다.

III. 결론

우리는 본문을 통하여 아브라함과 다윗과 예수 그리스도가 하나님의 나라를 위하여 어떤 자료를 사용했는지 간단하게 살펴보았습니다. 아브라함은 십일조를 드렸습니다. 다윗은 그의 재물을 드렸습니다. 예수 그리스도는 그분의 생애를 드리셨습니다. 그러면 이것은 우리에게 어떤 교훈을 줍니까? 다음과 같은 세 가지 교훈을 얻을 수 있습니다.

첫째, *십일조*의 중요성입니다. 하나님 나라의 확장을 위하여 십일조는 반드시 필요합니다. 하나님은 우리를 죄악과 심판에서 구원해 주셨습니다. 자유가 없는 북한이 아니라, 자유가 있는 남한에서 살게 하셨습니다. 건강과 친구를 주셨습니다. 가정과 교회도 허락하셨습니다. 이 모든 것이 하나님의 선물입니다. 모든 것이 하나님의 것이기에 하나님이 원하시는 대로 사용해야 합니다. 특히 십일조는 두말할 필요가 없습니다.

영국의 위대한 웨스트민스터교회의 켄덜(R. T. Kendall) 목사님은 온전한 십일조에 대하여 이렇게 가르칩니다: "성도들은 영의 양식을 공급받는 자기 교회에 십일조를 바쳐야 합니다." 만일 그 교회가 헌금을 비성경적으로 사용하지 않는다면 말입니다. 그 헌금은 교회의 일꾼들의 생활비, 예배에 연루된 비용과 그리고 교회 밖의 일, 곧 선교와 구제를 위하여 사용해야 합니다.

성경 말씀은 이렇게 분명히 가르칩니다: "땅의 십분 일, 곧 땅의 곡식이나 나무의 과실이나 그 십분 일은 여호와의 것이니, 여호와께 성물이라" (레 27:30). 예수님도 이렇게 말씀하셨습니다: "화 있을진저, 외식하는 서기관들과 바리새인들이여, 너희가 박하와 회향과 근채의 십일조를 드리되, 율법의 더 중한 바 의와 인과 신은 버렸도다. 그러나 이것도 행하고 저것도 버리지 말아야 할지니라" (마 23:23).

그렇습니다! 신앙 인격도 버리지 않아야 합니다. 그러나 동시에 십일조의 습관도 폐지할 수 없습니다. 이렇게 십일조를 하나님에게 바치면 하나님은 기뻐하시고 우리를 마음껏 축복하신다고 약속하셨습니다. 그 약속의 말씀을 들어보십시오: "만군의 여호와가 이르노라. 너희의 온전한 십일조를 창고에 들여 나의 집에 양식이 있게 하고, 그것으로 나를 시험하여 내가 하늘 문을 열고 너희에게 복을 쌓을 곳이 없도록 붓지 아니하나 보라" (말 3:10).

어느 성경학자는 이렇게 말했습니다: "모든 구원받은 사람은 십일조를 바친다고 할 수 있습니다. 자원하여 하나님에게 바치는 사람은 하나님이 축복으로 갚으십니다. 그렇지 않은 사람은 하나님이 그의 방법대로 거두어 가십니다." 그 말은 하나님이 어떤 방법으로든지 십일조를 가져가신다는 뜻입니다. 그렇게 십일조를 "빼앗길" 뿐 아니라, 그런 사람들은 하나님의 인도하심은 물론, 하나님이 주시는 기쁨과 평강도 없습니다. 모든 구원받은 그리스도인들은 십일조를 하나님에게 드림으로 하나님 나라의 확장에 참여해야 합니다.

둘째, 다윗이 달란트를 드려 성전 건축을 준비한 것처럼, 우리 그리스도인들도 하나님이 주신 *달란트*를 드려 하나님 나라의 확장에 사용해야 합니다. 물론 다윗이 드린 달란트는 돈을 의미하지만, 신약성경에서 달란트는 여러 가지 의미로 사용됩니다 (마 25:14 이하). 하나님은 우리 모든 그리스도인들에게 각기 다른 달란트를 주셨습니다. 어떤 달란트이든 그것은 하나님의 나라를 위하여 사용하기 위해 주신 것이지, 우리 자신만을 위해 주신 것이 아닙니다.

신약성경에 보면 어떤 사람은 그 달란트를 땅에 묻어 두거나 수건에 싸 두고 사용하지 않았습니다 (마 25:25, 눅 19:20). 땅은 이 세상을 상징하고, 수건은 자아를 상징합니다. 이 세상과 자아에 묻혀서 하나님이 주신 달란트를 썩힌 것을 의미합니다. 하나님은 그런 사람의 달란트를 빼앗아서 다른 사람에게 주셨습니다 (마 25:28). 그것은 미래에 있을 심판과 현재의 적용을 두루 포함합니다. 현재에도 하나님의 나라를 위하여 달란트를 사용하는 사람에게 더 기회가 주어진다는 것을 뜻합니다. 그러므로 하나님이 우리에게 주신 달란트가 무엇이든지 겸손히 그리고 감사하는 마음으로 하나님의 나라를 위하여 사용해야 합니다.

셋째, 예수 그리스도가 자신을 바쳐서 하나님의 나라를 위한 밑거름이 된 것처럼, 우리도 *자신*을 그 일에 드려야 합니다. 하나님 나라의 건설에는 우리의 물질도 필요합니다. 우리의 달란트도 필요합니다. 그러나 그런 것들보다 훨씬 중요하고 값진 것이 있습니다. 그것은 우리 자신입니다. 만일 우리가 자신을 드리지 못한다면, 우리가 드린 약간의 물질과 달란트가 하나님의 나라를 위하여 얼마나 값어치가 있겠습니까?

바울 사도도 같은 맥락에서 가르칩니다: "우리의 바라던 것뿐 아니라, 저희가 먼저 자신을 주께 드리고 또 하나님 뜻을 좇아 우리에게 주었도다" (고후 8:5). 왜 우리 자신을 하나님의 나라를 위하여 드려야 합니까? 첫 번째, 우리는 예수님의 피 값으로 구속되었기 때문입니다. 다시 말해서, 예수님이 그분의 피 값으로 우리를 죄에서 해방시키셨습니다. 그러므로 우리는 우리의 것이 아니라 예수 그리스도의 것입니다 (고전 6:20).

두 번째, 우리는 우리 안에 성령이 거하시는 성령의 전이기 때문입니다. 우리는 성령이 지시하는 대로 순종해야 합니다. 세 번째, 누군가가 자신을 희생하며 우리에게 복음을 전해 주었고, 그 결과 우리도 하나님의 백성이 되었습니다. 다시 말해서, 우리는 모두 누군가에게 사랑의 빚을 진 사람들입니다. 네 번째, 앞으로 완성될 하나님의 나라에서 누릴 상급 때문입니다.

예수님은 이렇게 말씀하셨습니다: "아무든지 나를 따라 오려거든, 자기를 부인하고, 날마다 제 십자가를 지고, 나를 좇을 것이니라" (눅 9:23). 그렇습니다! 하나님 나라의 건설에 가장 중요한 것은 우리들 자신입니다. 만일 우리가 우리 자신을 있는 그대로 "하나님이 기뻐하시는 거룩한 산 제사로 드리면" (롬 12:1), 하나님의 나라는 확실히 그리고 빨리 확장될 것입니다.

5

믿음으로 사는 삶

"아브라함과 다윗의 자손 예수 그리스도의 세계라."

I. 서론

새해를 맞이하여 드리는 첫 번째 주일예배는 뜻 깊은 날입니다. 그 예배가 뜻 깊은 이유는 첫 예배를 통하여 한 해 동안 살아갈 수 있는 신앙 생활의 방향을 결정할 수 있기 때문입니다. 이처럼 중요한 새해의 첫 예배에 이 본문처럼 적절한 말씀도 흔치는 않을 것입니다. 왜 그러합니까? 그 이유는 간단합니다! 그 말씀은 마태복음은 물론 신약성경의 첫 메시지이기 때문입니다.

"아브라함과 다윗의 자손 예수 그리스도의 세계라"가 우리에게 중요한 또 다른 이유는 아브라함은 유대 민족의 첫 번째 인물이며, 다윗은 유대 민족의 첫 번째 왕으로 기록된 인물이며, 예수 그리스도는 유대 민족은 물론 인류의 구원을 위한 구세주이시기 때문입니다. 이 세 분의 생애는 한 마디로 믿음의 생애이며, 따라서 우리 모두에게 어떻게 하면 한 해를 믿음으로 살 수 있는지 방향을 제시하기도 합니다.

그뿐 아니라 아브라함과 다윗과 예수 그리스도는 남다른 각오로 새해를 맞이하고, 질적으로나 양적으로 도약하기를 원하는 교회에게도 중요한 방향을 제시할 것입니다. 이와 같은 부흥을 원하는 교회에게 이 세 분이 누렸던 믿음의 삶은 중요한 본보기가 될 것입니다.

II. 본론

믿음은 왜 필요합니까? 그 이유는 간단합니다! 믿음이 없이는 하나님을 기쁘시게 할 수 없기 때문입니다. 저 유명한 히브리서 11장 6절을 보겠습니다, "믿음이 없이는 기쁘시게 못하나니...." 하나님을 기쁘시게 하는 것은 우리의 믿음입니다. 우리가 믿음으로 하나님을 기쁘시게 할 때 우리는 하나님이 부어 주시는 은총을 경험한다는 뜻입니다. 그렇다면 그 뒤를 따르는 질문은 이런 것입니다: "믿음은 무엇입니까?"

그 질문의 해답도 히브리서 11장 6절에서 찾을 수 있습니다. 이 말씀에 의하면, 믿음은 두 가지 측면을 지니고 있습니다. "하나님께 나아가는 자는 반드시 그가 계신 것과 또한 그가 자기를 찾는 자들에게 상 주시는 이심을 믿어야 할지니라." 이 말씀에 의하면 첫 번째 측면은 하나님의 존재를 믿는 것입니다. 두 번째 측면은 하나님은 자기를 추구하는 자들을 만나 주신다는 것을 믿는 것입니다. 다시 말해서, 하나님의 역사를 믿는 것입니다.

1. 아브라함

어느 날 하나님은 75세나 되는 아브라함을 부르셨습니다. 그 부르심에 의하면, 아브라함에게 지금까지의 생활 방식을 포기하라는 것입니다. 그 부르심을 직접 인용하겠습니다, "너는 너의 본토 친척 아비 집을 떠나라" (창 12:1). 그는 이 하나님의 말씀에 순종하였습니다. 그리고 하나님이 인도하시는 대로 그의 인생길을 "외국인과 나그네," 곧 순례자처럼 살았습니다 (히 11:13). 이런 순례자의 행보가 가능했던 것은 그를 위하여 "더 나은 본향"을 준비하신 하나님을 믿었기 때문입니다 (히 11:16).

하나님이 아브라함을 부르실 때 놀라운 약속도 주셨습니다. 그 약속은 아브라함으로 큰 민족을 이루시겠다는 것이었습니다 (창 12:2). 비록 아브라함이 하나님의 부르심과 약속을 믿고 고향을 떠났지만, 그래도 그 약속을 이룰 수 있는 방법을 모색했습니다. 아브라함이 모색한 방법은 그의 조카를 양자로 삼는 것이었습니다. 그런 목적 때문에 친척을 떠나라는 하나님의 명령을 조금 어기고 조카 롯을 데리고 갔습니다.

그러나 하나님은 약속을 주실 뿐 아니라, 그 약속을 당신의 방법대로 이루시는 분이십니다. 그런 까닭에 하나님은 롯을 아브라함으로부터 떠나게 하셨습니다 (창 13:11). 아브라함은 한편 하나님의 명령을 받고 고향을 떠난 믿음의 사람이었으나, 그래도 여전히 인간적인 방법을 완전히 버리지 못한 사람이었습니다. 그렇지 않았다면 하나님의 약속을 이루기 위하여 그가 다시 엘리에셀을 양자로 삼았겠습니까? (창 15:2)

하나님은 "너로 큰 민족을 이루겠다"는 약속을 다시 한 번 확인하셨습니다. 창세기 15장 5절을 보겠습니다, "'하늘을 우러러 뭇별을 셀 수 있나 보라.' 또 그에게 이르시되, '네 자손이 이와 같으리라.'" 아브라함은 이처럼 엄청난 약속을 주저 없이 믿었습니다. 성경은 이 믿음을 이렇게 묘사합니다, "아브람이 여호와를 믿으니, 여호와께서 이를 그의 의로 여기시고" (창 15:6).

이 말씀에 나오는 *믿음*은 성경에서 최초로 사용된 단어입니다. 아브라함은 하나님의 약속과 하나님의 방법을 진정으로 받아들였습니다. 그의 믿음은 점진적으로 순수하게 바뀌어 가고 있었습니다. 이제부터는 어떤 일이 있어도 친척이나 양자를 통하여 하나님의 약속을 이루려고 하지 않았습니다. 하나님이 손수 불러내신 아브라함 자신을 통하여 태어날 아들을 통해 하나님이 약속을 이루실 것을 믿게 되었습니다.

아브라함의 믿음은 앞으로도 더 개발되지 않으면 안 되었습니다. 왜냐하면 아브라함은 애굽인 여종 하갈과 더불어 아들을 낳았고, 그 아들을 통하여 하나님의 약속이 이루어질 것을 기대하게 되었기 때문입니다 (창 16:4). 그러나 그것도 여전히 아브라함의 방법에 불과했습니다. 비록 이스마엘이 아브라함의 아들이긴 했어도, 본처인 사라와는 아무 상관도 없는 아들이었기 때문입니다. 그리고 이스마엘은 약속과는 전혀 상관없는 인간적인 방법으로 태어난 아들이었기 때문입니다.

마침내 아브라함과 사라가 인간적으로 자녀를 낳을 수 없는 나이가 되었을 때, 하나님의 약속을 이루기 위하여 하나님의 방법으로 태어난 아들이 바로 이삭이었습니다 (창 21:1). 그 때 아브라함의 나이는 백 세이며, 사라는 구십 세였습니다. 거기다 사라는 경도도 끊어져서 자녀를 잉태하는 것은 전혀 불가능한 일이었습니다. 그러나 전능하신 하나님에 대한 믿음의 결과로 아들을 얻게 되었습니다 (히 11:11).

아브라함은 이제 하나님의 이러한 역사 앞에서 그의 믿음이 깊어질 대로 깊어졌습니다. 그 결과 아브라함은 두 가지를 할 수 있었습니다. 첫째는 그가 13년이나 애지중지(愛之重之)하던 이스마엘과 결별하는 것이었습니다 (창 21:14). 둘째는 그의 아들 이삭조차도 모리아산에서 번제물로 바치는 것이었습니다. 왜냐하면 그는 하나님의 약속을 하나님의 방법대로 하나님이 이루신다는 것을 믿었기 때문입니다 (히 11:17).

2. 다윗

다윗은 언제 그의 믿음을 발휘했습니까? 물론 여러 번 있었지만, 특히 골리앗과 싸울 때 다윗이 발휘한 믿음은 특별한 것이었습니다 (삼상 17장). 그것은 이스라엘과 블레셋과 전쟁 중일 때였습니다. 이스라엘의 지휘자는 사울 왕이었고, 블레셋의 지휘자는 골리앗이었습니다. 그런데 이스라엘 군대는 싸울 의욕을 잃고 말았습니다. 그 이유는 거대한 골리앗 때문이었습니다. 골리앗은 무서운 장수로서 키도 장대 같이 클 뿐 아니라, 그가 지닌 무기도 엄청난 것이었습니다.

골리앗의 도전은 분명했습니다. "너희는 사울의 신복이 아니냐? 너희는 한 사람을 택하여 내게로 내려 보내라" (삼상 17:8). 이런 도전에 사울 왕도 놀랐고, 온 백성도 떨었습니다. 사울은 본래 키도 크고 준수한 사람이었으나 (삼상 9:2), 두려움에 사로잡혔습니다. 한 때 블레셋 군인을 단독으로 20여명이나 죽인 요나단도 그 곳에 있었지만 역시 속수무책이었습니다 (삼상 14:14). 용맹을 떨쳤던 장군 아브넬도 있었으나, 그도 골리앗의 도전을 받아들이지 못했습니다 (삼상 14:50, 26:15).

그 때에 이 전쟁터에 나타난 사람이 바로 다윗이었습니다. 그는 군인으로 온 것도 아니었습니다. 아버지의 심부름으로 사울과 함께 싸움터에 나온 형들에게 음식을 가져왔습니다. 그 때 그는 양을 치는 목동에 불과했습니다. 그가 골리앗의 도전을 듣게 된 것입니다. 다윗은 감히 이 도전을 받아들였습니다. 인간적으로는 연약한 소년에 불과했지만, 그래도 그는 전능하신 하나님을 굳게 믿는 믿음의 사람이었습니다.

이처럼 큰 전쟁터에서 어떤 장군도 피하는 골리앗의 도전을 받아들인 다윗의 믿음은 어디에서 개발되었습니까? 그 믿음은 평상시에 개발되었습니다. 다윗은 베들레헴의 들판에서 양들을 돌보면서 하나님을 의지하는 방법을 터득했습니다. 그는 하나님의 말씀을 주야로 묵상했으며 (시 1:2), 하나님에게 기도했으며 (시 5:1), 하나님과 동행했습니다 (시 23:2). 다윗은 하나님을 의지하여 사자와 곰도 물리쳤습니다 (삼상 17:37).

사울과 백성은 골리앗의 모습에 떨었으나, 믿음의 사람 다윗은 하나님의 눈으로 그를 보았습니다. 그리고 그가 사자와 곰을 대하듯 그 골리앗을 경멸했습니다. 사울과 백성은 위기의 시간에 그들을 지금까지 인도하신 하나님을 망각했으나, 다윗은 그를 위기에서 건져 주셨던 하나님을 기억했습니다. 그리고 지금 이 위기에서도 그와 함께 하실 하나님을 믿어 의심치 않았습니다.

다윗의 맏형 엘리압은 다윗을 책망했습니다 (삼상 17:28). 사울은 인간적으로 불가능한 이 싸움에 다윗이 말려들지 않게 하려고 설득했습니다 (삼상 17:33). 그뿐입니까? 골리앗은 다윗을 비웃고 저주하면서 그를 당장에 죽이겠다고 위협했습니다 (삼상 17:43~44). 그러나 믿음의 사람 다윗은 그런 모든 방해 너머에 계신 하나님을 의지했습니다. 그는 사울이 빌려 준 갑옷도 거부했습니다. 창이나 칼도 없이 막대기와 돌들을 가지고 나갔습니다. 하나님만을 믿겠다는 소신이었습니다.

다윗은 이런 신앙 고백을 외치며 골리앗과 대적합니다: 첫째, "나는 하나님의 이름으로 네게 가노라" (45절). 둘째, "하나님이 네 머리를 베게 할 것이다" (46절). 셋째, "그 결과 하나님의 이름이

온 땅에 전파되리라" (46절). 넷째, "하나님의 구원은 칼과 창에 있지 않다" (47절). 이처럼 엄청난 믿음을 고백하며 뛰어든 다윗은 물매로 돌을 던져 골리앗을 쓰러뜨렸고, 결과적으로 이스라엘에게 큰 승리를 안겨 주었습니다.

3. 예수 그리스도

예수 그리스도는 하나님이시며 동시에 인간이십니다. 그러므로 그분은 믿음을 필요로 하지 않습니다. 오히려 예수님은 그를 따르는 사람들에게 그를 믿는 것이 하나님의 일이라고 말씀하셨습니다 (요 6:29). 다시 말해서, 그분이 하나님이라는 간접적인 선언이었습니다. 그렇습니다! 예수 그리스도는 인간으로 오신 하나님이었습니다. 그런 이유 때문에 "나를 본 자는 아버지를 보았느니라"고 하셨습니다 (요 14:9).

그러나 동시에 예수님은 인간이셨습니다. 인간이신 그분에게 엄청난 도전이 주어진 때가 있었습니다. 그 도전은 죽은 나사로를 살려내는 것이었습니다. 예수님이 사랑하시던 나사로가 죽은 지 4일이나 지났습니다. 이스라엘 백성은 사람의 영혼은 죽은 후 3일째 되는 날 육체를 떠난다고 믿었습니다. 그런데 죽은 지 4일이나 지난 나사로를 어떻게 살린다는 말입니까?

바로 이 때 인간이신 예수님은 나사로의 무덤 앞에서 기도합니다. 그런데 이 기도의 내용을 살펴보면 거기에는 엄청난 믿음이 내재(內在)되어 있는 것을 알 수 있습니다. 그 기도를 보겠습니다:

"....아버지여, 내 말을 들으신 것을 감사하나이다....그러나 이 말씀하옵는 것은 둘러선 무리를 위함이니, 곧 아버지께서 나를 보내신 것을 저희로 믿게 하려 함이니이다" (요 11:41~42).

예수님은 당신의 기도를 하나님이 응답하시는 것에 대하여 조금도 의심하지 않으셨습니다. 의심의 그림자는 조금도 찾아볼 수 없는, 그야말로 처음부터 끝까지 믿음으로 충만한 기도였습니다. 그렇지 않다면 어떻게 예수님이 무리들 앞에서 이렇게 외치실 수 있었겠습니까? "나사로야, 나오라!" (요 11:43) 그리고 그분의 부르심에 따라 나사로는 다시 살아나서 나왔습니다. 얼마나 큰 믿음의 결과입니까!

예수 그리스도는 기도하시고 또 응답에 대한 확신을 가지고 행동하셨습니다. 나사로가 죽은 자 가운데서 다시 살아남으로 세 가지 역사가 있었습니다. 첫째, 예수님의 말씀의 성취였습니다. "나는 부활이요 생명이니, 나를 믿는 자는 죽어도 살겠고"라고 하신 예수님의 말씀이 그대로 이루어졌습니다 (요 11:25). 둘째, 믿는 자들, 특히 제자들이 하나님의 영광을 보게 되었습니다 (요 11:40). 셋째, 무리가 예수님을 믿게 되었습니다. 이 세상의 구원을 위하여 하나님이 예수님을 세상에 보내신 것을 믿게 되었습니다 (요 11:42).

III. 결론

본문을 통해 우리는 아브라함과 다윗과 예수 그리스도가 하나님 나라의 건설을 위하여 중요한 원리를 제시한 것을 보았습니다. 그 원리는 바로 믿음입니다. 아브라함은 믿음으로 순례의 길에 들어갔습니다. 다윗은 믿음으로 승리를 쟁취했습니다. 예수 그리스도는 믿음으로 죽은 자를 살리셨습니다. 그렇다면 우리에게 이 세 분의 믿음은 어떤 교훈을 줍니까? 다음과 같은 교훈을 찾을 수 있을 것입니다.

첫째, 아브라함은 하나님이 부르신 때부터 믿음을 가지고 있었으나, 완전한 믿음은 아니었습니다. 그의 믿음은 점진적으로 성숙해갔습니다. 그는 아들 때문에 많은 시행착오를 범했습니다. 그의 믿음은 인간적인 방법이 많이 첨가된 것이었습니다. 그러나 그럴 적마다 하나님은 인간적인 방법을 제거하셨습니다. 물론 거기에는 아픔도 따랐을 것입니다. 그런 아픔은 치료와도 같습니다. 상처가 나면 그 상처를 치료하기 위하여 소독도 해야 하고, 약도 발라야 하고, 필요한 경우 주사도 맞아야 합니다. 그런 과정은 모두 아픔을 동반합니다. 그러나 그런 아픔은 치료의 과정입니다.

우리 그리스도인들은 아브라함처럼 신앙적인 면과 인간적인 면을 동시에 가지고 있습니다. 그런데 이 두 가지는 항상 다툽니다. 처음에는 인간적인 측면이 이기는 경향이 있습니다. 그러면 성경에 제시된 하나님의 뜻과는 관계없이 우리 마음대로 생각하고, 결정하고, 행동합니다. 당분간은 기분이 좋을지 모르나, 시간이 지날수록 그런 삶이 잘못되었다는 것을 깨닫기 시작합니다. 왜냐하면 마음에 평안도 없고, 더 나아가 다른 사람들을 원망하는 저질의 삶을 살고 있는 자신을 발견하기 때문입니다.

우리 그리스도인들은 이러한 갈등의 삶에서 탈출하기를 원합니다. 그러나 그것은 결코 쉽지 않습니다. 왜냐하면 우리의 생각과 결정과 행동이 잘못되었다는 것을 인정하기가 쉽지 않기 때문입니다. 인정한다고 해도 그것들을 포기하기란 더욱이 쉽지 않습니다. 그렇게 하려면 아쉬움과 아픔이 따르기 때문입니다. 인간적인 면을 깨뜨리기가 이처럼 어렵습니다. 그런 이유 때문에 많은 그리스도인들은 적당히 타협하면서 살아갑니다.

아브라함이 결국 인간적인 수단을 모두 포기했을 때 하나님이 약속의 아들을 주셨습니다. 마찬가지로, 우리 그리스도인들이 인간적인 수단을 *포기*한 만큼 하나님은 우리에게 영적인 자녀를 허락하시기 시작합니다. 다시 말해서, 전도의 열매를 허락하신다는 말입니다. 우리 모두가 아브라함처럼 믿음이 성숙해 가기를 바랍니다. 그렇게 될 때 우리 모두를 통하여 하나님은 많은 사람들을 그리스도 앞으로 인도하게 될 것입니다.

둘째, 다윗은 비록 보잘 것 없는 목동에 불과했지만, 하나님을 믿음으로 골리앗을 이겼습니다. 어떻게 그것이 가능했습니까? 다윗은 평상시에 늘 하나님과 깊은 교제를 유지했습니다. 그는 밤낮으로 하나님의 말씀을 묵상했고, 기도했고, 하나님의 인도를 경험하면서 살았습니다. 그 결과 그는 하나님을 믿으면서 위기의 때를 극복했고, 하나님을 믿으면서 전쟁에도 임했고, 그리고 승리를 구가(謳歌)할 수도 있었습니다.

우리 그리스도인들도 마찬가지입니다. 우리는 시시때때로 깊은 영적 싸움에 들어갈 때가 있을 것입니다. 왜냐하면 악의 세력은 우리를 그대로 방치하지 않을 것이기 때문입니다. 특히 우리가 아브라함처럼 믿음의 삶을 영위하려고 할 때 악령들은 우리를 집중적으로 공격할 것입니다. 그 결과 우리는 골리앗 앞의 이스라엘 백성처럼 두려워하며 떨게 될 수도 있습니다. 전쟁을 피하고 싶은 마음도 생길 것입니다.

이와 같은 영적 싸움을 위하여 우리는 다윗처럼 평상시에 하나님과 *깊은 교제*를 유지해야 합니다. 우리 그리스도인들의 싸움은 골방에서 결판이 납니다. 우리가 골방에서 말씀을 읽고 묵상하며 기도한다면, 이미 싸움은 이긴 것과 다름이 없습니다. 그러나 골방에서 하나님과 조용한 시간을 갖지 못한다면 이미 싸움에서 패배를 경험할 것이 틀림없습니다. 그러므로 우리는 하루도 빠지지 않고 골방의 시간을 가져야 합니다. 그렇게 할 때 우리는 영적 싸움에서 승리할 수 있는 믿음의 한 해를 유지할 수 있습니다.

우리 모두에게는 영적 골리앗이 있습니다. 어떤 사람은 성경을 규칙적으로 읽지 못하는 골리앗을 가지고 있습니다. 어떤 그리스도인은 충실히 기도하지 못하는 골리앗을 가지고 있습니다. 어떤 사람은 게으른 골리앗을 가지고 있습니다. 또 어떤 사람은 하나님의 뜻을 분명히 알면서도 여러 가지 이유를 대면서 순종하지 못하는 골리앗을 가지고 있습니다. 또 어떤 사람은 전도를 못하는 골리앗을 가지고 있습니다.

다윗이 전능하신 하나님을 믿으며 그분의 이름으로 골리앗과 대면했습니다. 그리고 하나님의 이름으로 그와 싸웠습니다. 마침내 하나님의 이름으로 골리앗을 대적해서 이겼습니다. 마찬가지로, 우리도 하나님의 막강한 이름으로 우리에게 있는 골리앗을 대적해야 합니다. 그리고 그 골리앗이 무엇이든지 하나님의 이름으로 대적해서 이겨야 합니다. 그리할 때 전능하신 하나님이 우리에게 큰 승리를 허락하실 것입니다.

셋째, 예수 그리스도는 신인(神人), 곧 하나님이자 인간이셨습니다. 그분은 기도할 필요가 없는 하나님이셨습니다. 그러나 인간이신 예수님은 하나님에게 기도했습니다. 그것도 평범한 기도가 아니라 *믿음을 동반한 기도*였습니다. 그 결과 죽은 나사로가 다시 살아났습니다. 그분의 말씀은 문자 그대로 성취되었습니다. 말씀이 성취되자 두 가지의 역사가 일어났습니다. 첫째는 위로 하나님이 영광을 받으셨습니다. 둘째는 아래로 많은 사람들이 믿음을 갖게 되었습니다.

작은 그리스도라고 불리는 우리 그리스도인들도 마찬가지입니다. 하나님의 말씀을 가감 없이 믿어야 합니다. 그리고 그 말씀에 따라 믿음의 기도를 해야 합니다. 그러나 그 기도는 순수한 동기로 해야 합니다. 예수 그리스도처럼 위로 하나님의 영광을 위하여, 그리고 아래로 다른 사람들의 믿음을 위해서 기도해야 합니다. 그렇게 할 때 하나님은 인간적으로 불가능한 기적을 이루실 것입니다. 나사로를 살리는 것과 같은 부활의 기적을 이루실 것입니다.

우리 그리스도인들은 개인적으로나, 가정에서나, 학교와 직장에서 기적을 일으키는 삶을 삽시다. 믿음의 기도를 통해서 말입니다! 한발 더 나아가서 우리 교회도 기적을 일구어냅시다. 영적인 부흥도 일으키고 양적인 부흥도 일으킵시다! 기적을 일으키는 삶은 믿음의 기도를 통하여 가능합니다. 왜냐하면 하나님만이 기적을 일으키시는 분이기 때문입니다.

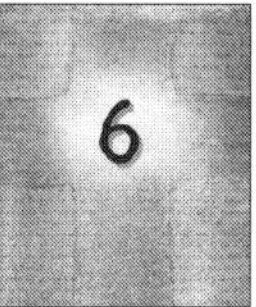

비천에서 존귀로

"아브라함과 다윗의 자손 예수 그리스도의 세계라."

I. 서론

예수 그리스도를 구세주로 받아들이고 그분의 뜻대로 사는 사람들은 평범하지 않습니다. 그들이 훌륭하거나 위대하기 때문이 아닙니다. 그들이 믿는 하나님이 위대하시기 때문입니다. 그런 이유 때문에 사람의 됨됨이를 알려면 그들의 신앙이 무엇인가를 보면 됩니다. 가정의 도덕적 수준을 알아보려면 그 가정의 신앙을 보면 됩니다. 국가의 흥망성쇠(興亡盛衰)를 보려면 역시 그 국가를 지배하는 신앙을 보아야 합니다.

코리 텐 붐(Corrie Ten Boom)이란 네덜란드 사람을 보십시오. 그 여자는 평범한 가정에서 성장한 소박한 여성이었습니다. 아버지는 시계를 팔기도 하고 수선도 해주는 시계방 주인이었습니다. 그렇게 평범하게 성장한 붐은 세계적으로 명성을 떨치기 시작했습니다. 그 이유는 무엇이었습니까? 그것은 그 여자와 가정이 믿은 위대하신 하나님 때문이었습니다. 그러나 코리 텐 붐은 하루아침에 유명해지지 않았습니다. 많은 우여곡절(迂餘曲折)을 통해 서서히 유명해졌습니다.

II. 본론

본문에 나오는 주인공 세 분도 마찬가지입니다. 그들은 모두 굉장한 명성을 누리고 있습니다. 그리스도인이라면 아브라함을 모르는 사람이 있겠습니까? 물론 없습니다! 다윗은 어떻습니까? 그도 못지않게 명성을 떨치고 있습니다. 예수 그리스도는 두말할 필요도 없습니다. 그분에 대해서는 그리스도인이 아니더라도 모르는 사람이 없을 정도입니다. 그런데 놀라운 것은 이 세 분이 모두 평범하게 그들의 삶을 시작했다는 사실입니다. 그들의 시작은 우리와 전혀 다르지 않았습니다. 아니, 그들의 시작은 비천한 것이었습니다. 그러나 그들의 마지막은 달랐습니다! 그들은 위대한 인물이 되었습니다. 그 이유는 간단합니다! 그들이 믿은 하나님이 위대하시기 때문이었습니다.

1. 아브라함

먼저, 아브라함의 생애를 살펴보겠습니다. 아브라함은 그 당시 세계를 지배하는 막강한 국가인 갈대아, 곧 구 바벨론 사람이었습니다. 그는 때가 되어 사라와 결혼했습니다. 그는 사업을 운영하면서 먹고 사는 데는 지장이 없었습니다. 일설에 의하면, 그는 생업으로 월신(月神)을 만들어 팔았다고 합니다. 그는 그렇게 살면서 어느덧 인생의 황혼기에 접어든 75세의 노인이 되었습니다.

그 당시 바벨론은 각종의 우상과 우상 숭배자들로 넘쳤습니다. 바벨론 사람들은 특히 자연 현상을 우상으로 섬겼습니다. 예를 들면, 그들은 태양, 달, 별, 불 등 자연을 섬겼습니다. 그런 우상 숭배는 많은 경우 성적 행위와도 연결되었습니다. 한 마디로 말해서, 바벨론은 창조자이신 하나님 대신 피조물을 섬기면서 그 예배의 행위로 성적 쾌락을 추구했습니다. 그리고 그 중심지가 바로 저 유명한 바벨탑이었습니다 (창 11:4).

아브라함의 할아버지와 아버지도 역시 우상 숭배자들이었습니다. 그것을 뒷받침하는 성경 말씀을 찾아보겠습니다: "....옛적에 너희 조상들 곧 아브라함의 아비, 나홀의 아비 데라가 강 저편에 거하여 다른 신들을 섬겼으나" (수 24:2). 결국 아브라함은 많은 신들을 섬기는 가정에서 태어났고 또 성장했습니다. 그뿐입니까? 그는 그런 신들을 섬기는 것이 자연스러운 사회적 환경에서 성장했습니다.

만일 아브라함이 그런 환경에서 부모가 물려 준 대로 우상을 숭배하며 살았다면, 그리고 계속해서 월신을 만들었다면, 그가 그처럼 중요한 인물이 되었겠습니까? 물론 아닙니다! 그는 짧은 인생을 우상을 섬기며 도덕적으로 문란한 삶을 영위하다가 이 세상을 떠났을 것입니다. 그리고 그의 이름은 영원히 잊혀졌을 것입니다. 그러나 아브라함은 그런 평범하고 비도덕적인 삶을 거부했습니다.

아브라함은 무엇 때문에 그 당시의 풍조인 우상 숭배를 거부했습니까? 인생의 허무를 느꼈습니까? 아무 자녀도 없다는 가정 문제 때문에 괴로워했습니까? 인간이 만든 우상의 허무를 깨달았습니까? 도덕적 타락의 한계를 느꼈습니까? 죽음을 두려워했습니까? 어떤 이유에서인지는 몰라도, 아브라함은 마침내 부모와 그의 사회가 물려 준 우상 숭배를 거부했습니다. 그 대신 아브라함은 창조주이신 하나님을 선택했습니다. 과감히 우상 숭배로 가득한 그 사회를 떠났습니다. 그리고 그는 하나님을 의지하면서 살아가기 시작했습니다.

물론 그 때부터 그의 인생은 결코 순탄하거나 안락한 장밋빛으로 가득한 것만은 아니었습니다. 아브라함은 때때로 친척의 오해로 인한 마음의 아픔도 경험했습니다 (창 13:11). 때때로 주변 사람들의 핍박을 받기도 했습니다 (창 12:15, 20:2). 어떤 때는 하나님의 인도하심을 기다리지 못하고 성급히 결정하고 행동함으로 엄청난 잘못을 범하기도 했습니다 (창 16:2). 그럼에도 불구하고 아브라함은 한 번 선택한 하나님을 결코 잊거나 버린 적이 없었습니다. 그는 연약할 때도 하나님을 생각했고, 강할 때도 하나님을 생각했습니다.

그 결과는 무엇입니까? 첫째, 그는 육체적으로 이스라엘 민족의 조상이 되었습니다 (사 51:2). 이스라엘은 백성도 얼마 되지 않은 작은 국가에 불과하지만, 세계의 경제와 군사와 과학을 주도하는 빼어난 민족입니다. 둘째, 그는 3억 이상의 백성을 자랑하며 석유의 생산을 자랑하는 아랍 제국의 조상이 되었습니다. 셋째, 아브라함은 신앙적으로 예수 그리스도를 따르는 모든 그리스도인들에게 믿음의 조상이 되었습니다 (갈 3:7). 넷째, 신약성경에서 모세 다음으로 가장 많이 언급된 인물입니다. 다섯째, 세계에서 4대 성인 가운데 한 분이시요 인류의 구속자이신 예수 그리스도가 아브라함의 자손이라고 불립니다 (마 1:1).

그렇습니다! 75세나 된 아브라함이 무엇을 하였기에 비천한 존재에서 이처럼 유명한 인물이 되었습니까? 그가 한 것은 아무 것도 없습니다. 가난한 자들을 도운 것도 아닙니다. 공부를 많이 한 것도 아닙니다. 봉사를 많이 하거나 헌금을 많이 한 것도 아닙니다. 그가 한 것은 모든 우상을 뿌리치고, 창조주이신 하나님을 선택한 것입니다. 위대하신 하나님을 선택한 아브라함을 하나님이 위대하게 만드신 것입니다.

2. 다윗

그 다음, 다윗의 생애를 살펴봅시다. 다윗은 아브라함의 수많은 후손 가운데 한 사람에 불과했습니다. 해변에 있는 무수한 모래알 가운데 하나처럼 무명(無名)한 존재였습니다. 그것만이 아닙니다!
다윗은 그 당시 이스라엘에서 작고도 무명한 소읍 베들레헴에서
태어나서 성장하였습니다 (미 5:2). 마치 아브라함 링컨(Abraham
Lincoln)이 켄터키 주에 있는 어느 산골의 가난한 가정에서 태어나
성장한 것처럼 말입니다.

다윗의 가문은 어떻습니까? 그의 할아버지 오벳은 보아스와 룻
사이에서 태어났습니다. 이런 가문은 이스라엘에서는 심각한 문
제가 될 수 있었습니다. 왜냐하면 보아스는 이스라엘 사람이고 룻
은 모압 여인이었기 때문입니다. 그 당시 이스라엘 사람들은 모압
사람들을 경멸하고 무시했습니다. 모세는 그의 율법서에서 모압
자손은 영원히 이스라엘의 총회에 들어오지 못한다고 선언한 바
있습니다 (신 23:3). 이스라엘 백성이 애굽을 나와서 약속의 땅 가
나안으로 가는 길에 모압 군대가 방해했기 때문이었습니다 (민 21:
21~24).

다윗은 이처럼 혈통적으로 흠 있는 집안의 막내로 태어났습니
다. 부모님은 형들을 편애하면서 다윗을 인정하지 않았습니다. 그
에게 맡겨진 일이란 들판에서 몇 마리의 양을 치는 일이었습니다
(삼상 16:11). 반면에, 형들은 전쟁터에서 명예롭게 왕을 모시고 싸
움에 참여하고 있었습니다. 다윗에게 주어진 가장 명예로운 일이
란 전쟁에 참가하고 있는 형들을 위하여 음식을 전해 주는 심부름
을 하는 일이었습니다 (삼상 17:17).

한 번은 선지자 사무엘이 이 작은 성 베들레헴을 찾아왔습니
다. 그 곳의 장로들이 그들을 찾아온 선지자를 떨면서 영접했습니

다 (삼상 16:4). 그리고 이새의 가족과 식사를 하게 되었습니다. 사무엘이 이새의 가정을 찾은 것은 하나님의 뜻을 전달할 뿐 아니라, 그 아들들 가운데 하나를 택하여 왕을 삼고자 함이었습니다. 그러나 이새는 그처럼 중요하고도 영광스러운 자리에 막내인 다윗을 참석시키지도 않았습니다. 이새에게 다윗은 몇 마리의 양을 돌보는 것 이상으로는 생각하지 않았기 때문입니다.

그러나 하나님은 인간적으로 볼 때 이처럼 낮고 천한 다윗에게 기름을 부어 이스라엘의 왕으로 삼으셨습니다 (삼상 16:12). 물론, 다윗은 당장에 왕위를 차지하지 못했습니다. 그에게는 많은 시련과 눈물이 있었습니다. 현재의 왕인 사울은 시기심 때문에 다윗을 죽이려고 했고, 다윗은 그를 피하여 오랫동안 도망을 다니며 지냈습니다. 때로는 숲에서 지냈고, 때로는 동굴에서 지냈습니다. 때로는 사울에게 잡힐 뻔도 했고, 때로는 다른 나라 군대에게 쫓기기도 했습니다. 때로는 굶주렸습니다.

그러나 마침내 다윗은 왕위를 차지했을 뿐 아니라, 이스라엘 역사에서 가장 위대한 왕이 되었습니다. 그는 둘로 나누어진 이스라엘을 통일하는 위대한 업적도 남겼습니다. 그는 그의 아들 솔로몬이 거대하고도 찬란한 성전을 건축할 수 있도록 모든 자료를 준비하기도 했습니다. 그러나 무엇보다도 위대한 업적은 위에서 열거한 물질적인 것이 아니라, 영적인 것이었습니다.

하나님은 준비된 그릇을 쓰십니다. 다윗이 준비되었기에 하나님은 그에게 영원한 나라와 영원한 통치를 약속하셨습니다 (삼하 7:13). 그리고 그 약속대로 하나님은 다윗의 후손에서 영원한 통치자가 나오게 하셨는데, 바로 예수 그리스도이십니다. 그런 이유 때문에 본문 마태복음 1장 1절에서는 예수 그리스도가 "다윗의 자손"이라고 불립니다. 다른 곳에서 예수 그리스도가 직접 하신 말씀을 인용해 보겠습니다, "나 예수는....다윗의 뿌리요 자손이니, 곧 광명한 새벽별이라" (계 22:16).

그렇습니다! 가장 미천한 다윗이 어떻게 이처럼 위대한 인물이 될 수 있었습니까? 그것은 그가 충성스럽게 믿은 하나님이 위대하시기 때문입니다. 다윗은 어떻게 하나님에 대한 충성심을 나타냈습니까? 첫째, 그는 몇 마리의 양을 치는 일을 하나님이 맡기신 것으로 알고 충성했습니다. 심지어 사자나 곰이 양을 잡아가면 다윗은 생명을 걸고 그 양을 찾아왔습니다. 그 당시 어떤 목자가 양 한 마리에 생명을 걸 만큼 충성했겠습니까?

둘째, 다윗은 왕이 되었을 때 자신의 영광이나 영리를 위해 다스리지 않고 하나님의 영광을 위하여 백성을 충성되게 다스렸습니다. 다윗에 대한 다른 사람의 증언을 들어봅시다, "또 그 종 다윗을 택하시되, 양의 우리에서 취하시며, 젖양을 지키는 중에서 저희를 이끄사, 그 백성인 야곱, 그 기업인 이스라엘을 기르게 하셨더니, 이에 저가 그 마음의 성실함으로 기르고, 그 손의 공교함으로 지도하였도다" (시 78:70~72).

3. 예수 그리스도

마지막으로 예수 그리스도는 어떻습니까? 인간적으로 볼 때 예수 그리스도만큼 비천한 사람은 없을 것입니다. 왜 그렇습니까? 첫째로, 그분이 태어난 시대를 보십시오. 그분의 나라는 600년 전에 이미 멸망했습니다. 그 오랜 기간 동안 이스라엘은 여러 민족에게 짓밟혔습니다. 먼저는 바벨론 왕국에 의하여 나라가 멸망되었습니다. 그 다음, 메데 바사 왕국의 지배를 받았습니다. 그 다음, 알렉산더 대왕이 이끄는 그리스 왕국에 의하여 점령되었습니다. 그 다음, 애굽과 시리아가 번갈아가면서 나라를 초토화(焦土化)시켰습니다. 그리고 마침내 로마에 의하여 짓밟히고 있을 때 예수 그리스도가 태어나셨습니다.

이스라엘은 이런 나라들의 약탈로 인하여 가난할 대로 가난해졌습니다. 각처에 병자들이 창궐(猖獗)했습니다. 그뿐 아닙니다! 귀신들린 자들도 여기저기에 생겨났습니다. 부족한 먹거리와 열악한 위생 환경 때문에 죽은 자들도 쉽게 볼 수 있었습니다 (눅 7:12, 8:49; 요 11:14). 동서남북 어디를 둘러보아도 희망이라고는 찾아볼래야 찾아볼 수 없는 어두움의 시대에 예수 그리스도는 태어나셨습니다.

둘째로, 예수 그리스도는 처녀인 마리아에게서 태어났습니다. 물론 하나님이 초자연적인 성령의 역사로 잉태하게 하셨지만, 인간적으로 볼 때 얼마나 비참한 인생의 시작이었습니까? 어머니와 그분은 주위의 많은 사람들로부터 멸시와 조소 가운데서 살았을 것입니다. 예수 그리스도는 영적으로는 하나님이 아버지시나, 육적으로는 생부(生父)가 없었습니다. 법적으로는 요셉이 아버지이긴 했지만 말입니다.

셋째로, 예수 그리스도가 비천한 사람인 이유는 그분이 태어난 환경 때문입니다. 그분은 고향에서 탄생하지 못했습니다. 그분은 피난길과 같은 여행길에 태어났습니다. 그것도 어떤 여관이나 병원을 찾을 수 없어서, 그분은 어느 마구간에 있는 말구유에서 태어나셨습니다. 만일 그 때 날씨가 혹독했거나 법적 아버지인 요셉의 헌신적인 돌봄과 보호가 없었다면, 예수 그리스도는 어머니와 함께 죽었을지도 모릅니다.

넷째로, 예수 그리스도는 짧은 인생을 사신 후 약관 33세의 나이에 십자가 위에서 죽으셨습니다. 그 당시 십자가의 처형이란 가장 처절한 죽음을 의미했습니다. 예수 그리스도는 그 죽음 이전에도 무수히 채찍에 맞아 온 몸이 피투성이가 되었습니다. 그렇게 약해진 몸에 산 채로 양손과 양발에 못이 박혔습니다. 그리고 여섯 시간이나 십자가에 달려서 피를 쏟으며 죽으셨습니다. 과연 이처럼 비천한 사람이 인류 역사에 또 있었겠습니까?

그러나 하나님은 이처럼 비천하게 태어나서 비천하게 죽으신 예수 그리스도를 높이셨습니다. 어떻게 높이셨습니까? 먼저, 하나님은 예수 그리스도를 죽은 지 삼일 만에 다시 살리셨습니다. 그 결과 예수 그리스도는 죽음을 피할 수 없는 모든 인간을 살려내는 구세주가 되셨습니다. 인간은 죄인이기에 모두 죽습니다. 그러나 예수 그리스도는 죄와 죽음의 굴레에 묶인 인간을 건져내시는 구세주가 되셨습니다.

그 다음, 하나님은 예수 그리스도로 하여금 사람들로부터 예배를 받게 하셨습니다. 죄와 죽음의 문제를 예수님의 죽음과 부활을 통하여 해결받은 사람들은 그분을 예배하지 않을 수 없습니다. 그런 이유 때문에 우리 그리스도인들은 주일마다 모여 그분을 찬양하며 그분에게 예배를 드립니다. 예배를 드리면서 우리의 마음도 드립니다. 우리의 존경도 표현합니다. 우리를 죄와 죽음에서 해방시키신 분임을 입술로 고백합니다.

마지막으로, 하나님은 예수 그리스도로 하여금 주님이 되게 하셨습니다. 주님이란 무엇을 의미합니까? 주님은 통치자란 뜻입니다. 예수 그리스도는 부활을 통하여 죽음을 통치하시는 분임을 증명하셨습니다. 그런 이유 때문에 그분을 구세주로 받아들인 사람들은 예수 그리스도를 주님으로 고백합니다. 왜냐하면 그분이 우리의 죽음의 문제를 해결하셨기 때문입니다. 그분은 하나님에게 끝까지 순종하심으로 우리의 주님이 되셨습니다.

III. 결론

우리는 아브라함과 다윗과 예수 그리스도가 아주 미천하게 그들의 인생을 시작한 사실을 살펴보았습니다. 그러나 위대하신 하나님과의 관계 때문에 그들이 엄청나게 위대해진 것도 살펴보았습니다. 이 세 분, 곧 아브라함과 다윗과 예수 그리스도의 생애는 우리에게 말할 수 없이 중요한 가르침을 줍니다. 그렇다면 그들은 우리에게 어떤 가르침을 줍니까? 우리는 다음과 같은 세 가지를 찾을 수 있을 것입니다.

첫째, 아브라함이 하나님을 선택한 것처럼, 우리도 *하나님을*

*선택*해야 합니다. 하나님을 선택한다는 것은 무엇을 의미합니까? 아브라함이 당시에 자행(恣行)되던 우상 숭배를 과감히 버렸다는 것을 의미합니다. 도대체 우상은 무엇을 말합니까? 우상은 사람들이 숭배하기 위하여 만든 것을 말합니다. 그러나 좀더 엄격하게 말한다면, 하나님보다 더 중요하게 여기는 일체의 것을 의미합니다. 다시 말해서, 하나님과 나 사이를 방해하는 것이 바로 우상입니다.

하나님을 선택한다는 것은 그런 우상을 과감히 버려야 한다는 것입니다. 우리에게 하나님보다 더 중요한 것이 무엇입니까? 명예입니까? 경제입니까? 가정입니까? 체면입니까? 아브라함이 하나님을 선택하기 위하여 본토와 부모의 집까지도 떠났습니다. 그 결과 하나님은 아브라함을 그처럼 중요한 인물로 삼으셨습니다. 우리도 만찬가지입니다! 하나님을 올바로 선택하면 하나님은 우리를 위대한 인물로 만드십니다.

둘째, 다윗이 작은 일에 충성한 것처럼, 우리도 하나님이 맡겨주신 *작은 일에 충성*해야 합니다. 비록 다윗은 가정적으로나 환경적으로 천대받은 인물이었지만, 하나님을 생각하면서 작은 일에 목숨을 걸고 충성하였고, 그리고 마침내 큰 인물이 되었습니다. 이 원리는 언제나 하나님의 뜻에 따른 원리가 됩니다. 하나님은 작은 일에 충성하는 사람들에게 큰 일을 맡기십니다. 다시 말해서, 그만큼 큰 인물로 만드신다는 뜻입니다.

예수 그리스도도 이런 원리를 이렇게 말씀하신 적이 있습니다, "지극히 작은 것에 충성된 자는 큰 것에도 충성되고, 지극히 작은 것에 불의한 자는 큰 것에도 불의하니라" (눅 16:10). 하나님은 지금도 맡겨진 일에 충성된 사람들을 찾고 계십니다. 그리고 찾으시면, 훈련과 단련을 통하여 그 사람을 준비시키십니다. 그리고 마침내 그 사람을 귀하게 사용하십니다.

셋째, 예수 그리스도의 생애는 태어나면서부터 죽으실 때까지 한 단어로 요약될 수 있습니다. 그 단어는 순종입니다! 히브리서 저자는 예수 그리스도의 생애를 이렇게 간략하게 요약했습니다: "그가 아들이시라도 받으신 고난으로 순종함을 배워서 온전하게 되었은즉, 자기를 순종하는 모든 자에게 영원한 구원의 근원이 되시고" (히 5:8~9). 마찬가지로, 우리도 순종하는 삶을 영위해야 합니다.

우리가 주님에게 순종하면 주님은 반드시 우리를 축복하십니다. 어떻게 축복하십니까? 첫째는 성령을 부어 주십니다. 하나님은 순종하는 자들에게 더욱 순종할 수 있는 능력을 주시기 위하여 성령으로 충만하게 하십니다 (행 5:32). 두 번째의 축복은 순종을 통하여 아름다운 열매가 맺어집니다. 예를 들면, 순종하여 전도하면 기쁨의 열매는 물론 실제로 전도의 열매도 허락하십니다. 셋째는 사람들로부터 인정과 사랑을 받는 귀한 인물로 변화됩니다. 왜냐하면 순종은 하나님이 기뻐하시는 덕목이기 때문입니다.

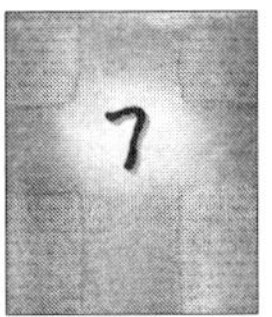

존귀한 인간

"아브라함과 다윗의 자손 예수 그리스도의 세계라."

I. 서론

인간은 본래 하나님의 형상대로 창조되었습니다. 하나님의 형상대로 창조되었다는 것은 하나님을 닮았다는 의미입니다. 그렇다면 인간은 하나님의 어떤 모습을 닮았습니까? 물론 하나님은 눈에 보이는 분이 아니십니다. 결국 하나님을 닮았다는 것은 내적이며 동시에 영적으로 닮았다는 말입니다. 예를 들면, 하나님은 죄를 지으실 수 없는 거룩한 분이십니다. 마찬가지로 인간도 죄를 싫어하는 본성을 가진 거룩한 존재입니다.

인간은 하나님을 닮았기 때문에 존귀합니다. 이처럼 하나님을 닮은 인간의 존엄성이 강조되는 것만큼 인간의 잠재력은 개발됩니다. 북한을 보십시오. 그 곳에서는 인간의 존엄성이 짓밟힌 많은 사람들이 잠재력을 개발할 기회조차 갖지 못하고 있습니다. 그들은 권위에 맹종하면서 거의 동물처럼 먹고 마시는 일을 해결하기 위해 존재한다고 해도 지나친 말은 아닐 것입니다.

II. 본론

성경의 내용은 존귀한 인간에 관한 것입니다. 처음부터 하나님이 인간을 창조하셨고 또 사랑하셨기 때문입니다. 본문 마태복음 1장 1절에 나오는 아브라함과 다윗과 예수 그리스도는 인간의 존엄성을 깊이 인식한 분들입니다. 그들은 인간의 신분과 상태와 관계없이 인간의 존엄성을 인식했습니다. 그들은 인간이 높은 사람이든 낮은 사람이든, 거룩하든 죄인이든, 남자이든 여자이든, 부하든 가난하든 상관하지 않고 그들의 존엄성을 인식했습니다.

단순히 인간이라는 이유 때문에 아브라함과 다윗과 예수 그리스도는 그 인간을 존귀하게 여겼습니다. 아니, 오히려 그 인간이 연약할 때, 가난할 때, 병들었을 때, 죄인이었을 때 더 존귀하게 대했습니다. 어떻게 그럴 수 있습니까? 그 이유는 간단합니다! 아브라함과 다윗과 예수 그리스도는 하나님의 마음을 깊이 깨달았기 때문입니다. 그들은 인간을 하나님의 안목으로 보았기 때문입니다. 이것은 신약성경의 서두에 그들에 대한 기록이 있게 된 또 하나의 이유가 되었을 것입니다.

1. 아브라함

아브라함이 인간의 존엄성을 하나님의 안목으로 본 실례는 무엇이 있습니까? 그것은 그의 조카 롯과의 관계에서 잘 나타납니다. 아브라함과 롯은 많아진 가축 때문에 더 이상 함께 살 수 없었습니다. 그 때 롯은 아브라함보다 더 좋은 땅을 선택하고 떠나갔습니다 (창 13:10~11). 그동안 돌보고 아껴 주었던 삼촌에 대해 조금도 배려하지 않은 채 더 좋은 땅, 곧 소돔을 택하고 가버렸습니다. 인간적으로 볼 때 상당히 야속한 행위였습니다.

그러나 얼마 지나지 않아서 롯에게 문제가 생겼습니다. 롯이 택한 지역에 전쟁이 일어났습니다. 그 전쟁은 작은 것이 아니라 큰 것이었습니다. 시날을 위시한 4개국의 연합군과 소돔을 위시한 5개국의 연합군 사이에 벌어진 큰 전투였습니다 (창 14:1~2). 불행하게도 롯이 속한 5개국의 연합군이 패하였습니다. 승전군은 "소돔과 고모라의 모든 재물과 양식을 빼앗아 가고, 소돔에 거하는 아브람의 조카 롯도 사로잡고, 그 재물까지 노략하여 갔더라" (창 14:11~12).

아브라함이 인간적으로만 생각했다면 롯을 그대로 내버려 둘 수도 있었습니다. 그러나 아브라함은 롯이 비록 약삭빠른 인간이란 것을 알았지만, 그래도 하나님의 형상으로 지음을 받은 존귀한 인간이라는 사실을 기억했습니다. 아브라함은 롯을 그대로 방치해 둘 수 없었습니다. 그는 즉시 평상시 훈련시켰던 가신(家臣) 318명을 거느리고 멀리까지 쫓아가서 4개국의 연합군으로부터 롯과 그 식구들, 그리고 모든 재물을 찾아왔습니다 (창 14:14~16).

만일 아브라함이 롯과 그 식구를 적군의 손에서 구출하지 않았더라면 그들의 운명은 불을 보듯 뻔합니다. 그들은 틀림없이 노예로 팔려갔을 것입니다. 인간의 모든 존엄성이 짓밟히면서 인간 이하의 삶을 신음하면서 살았을 것입니다. 굶주림과 강제 노동은 고사하고, 정신적 외로움과 눈물은 끝이 없었을 것입니다. 그처럼 처절한 삶이 다 끝난 후에도 그들의 시체는 마구 내동그러졌을 것입니다.

그러나 아브라함은 롯이라는 인간의 존엄성을 그렇게 버려 둘 수 없었습니다. 하나님의 형상으로 지음을 받은 롯은 너무나 존귀한 인간이었습니다. 아브라함은 인간적인 배신감을 극복하고 롯을 대했습니다. 다시 말해서, 아브라함은 하나님의 눈으로 롯을 보았습니다. 아브라함은 그처럼 존귀한 롯을 구출하기 위해서 엄청난 모험을 했습니다. 그 모험은 어떤 것이었기에 엄청났습니까?

아브라함은 생명을 걸었습니다. 비록 가신 318명을 데리고 밤중에 기습하여 성공을 거두긴 했어도 역시 생명을 건 엄청난 모험이었습니다. 318명이 4개국의 연합군과 비교할 때 도대체 무슨 힘을 발휘할 수 있었겠습니까? 그러나 승전군이 태만하게 잠을 자고 있는 동안 기습했습니다. 한 발 더 나아가서 하나님은 존귀한 인간을 구출하기 위하여 이처럼 엄청난 모험을 한 아브라함을 도우셨습니다.

2. 다윗

다윗이 하나님의 눈으로 존귀한 인간을 대한 실례는 무엇이 있습니까? 그것은 다윗과 사울의 관계에서 잘 나타납니다. 그 당시 사울은 왕이었고, 다윗은 사울 왕의 신하였습니다. 그러나 다윗이 하나님의 도우심을 받아 전쟁에서 이기고, 또 백성으로부터도 총애를 받기 시작하면서 문제가 생겼습니다 (삼상 18:16). 사울은 하나님과 백성에게 동시에 사랑을 받는 다윗을 시기하게 되었습니다. 그 시기심이 자라서 마침내 다윗을 죽이기로 작정하였습니다.

사울 왕의 마음은 행동으로 드러나기 시작했습니다. 그는 다윗을 죽이려고 그에게 창을 던졌는데, 그것도 두 번씩이나 그랬습니다 (삼상 18:11, 19:10). 불론 다윗이 피하여 죽지는 않았지만, 그 때부터 다윗은 사울을 피해 다니는 처량한 신세가 되었습니다. 만일 다윗에게 요나단이란 절친한 친구가 없었더라면 그는 진작 사울 왕의 손에 죽었을 것입니다. 그러나 사울 왕의 아들인 요나단은 하나님과 백성에게 은총을 받는 다윗을 특별히 사랑하여 그를 죽음의 구렁에서 피할 수 있는 도움을 주었습니다 (삼상 20:42).

사울이 다윗을 죽여서는 안 될 이유가 적어도 세 가지가 있습니다. 첫째 이유는 다윗이 사울 왕을 돕는 진정한 신하였기 때문입니다. 사울 왕이 악령에 의하여 괴로움을 당할 때 다윗이 그와 함께 하면서 수금을 탔습니다. 다윗이 수금을 타면 악령은 사울에게서 떠났습니다 (삼상 16:23). 다윗은 항상 사울 왕을 모시면서 그가 악령으로 괴로움을 당할 때마다 수금을 타면서 도왔습니다. 결국 다윗은 사울의 측근 중의 측근이었습니다.

둘째 이유는 사울 왕이 블레셋과의 전쟁에서 고전을 면치 못하면서 쩔쩔매고 있었던 때가 있었습니다. 군대와 백성은 흩어져 가고 사울 왕과 군장들은 속수무책으로 패배를 눈앞에 두고 있었습니다. 그 때 아버지의 심부름으로 전쟁터에 나타난 다윗이 전능하신 하나님의 이름을 의지하여 블레셋의 장군 골리앗을 죽였습니다. 그 결과 사울 왕은 패전 직전에 기적적으로 승리를 이끌어 냈습니다. 사울 왕은 다윗에게 큰 빚을 진 사람이었습니다 (삼상 17:53~54).

사울 왕이 다윗을 죽일 수 없었던 세 번째 이유는 개인적인 관계 때문입니다. 사울 왕은 다윗에게 천부장이라는 높은 지위를 주었습니다 (삼상 18:13). 그뿐 아니었습니다! 사울 왕은 다윗을 그의 사위로 삼았습니다 (삼상 18:27). 물론 사울이 딸을 다윗에게 준 동기는 순수하지 않았지만 말입니다. 사울은 딸을 핑계 삼아 다윗을 죽이려고 했었습니다. 블레셋 사람들의 손을 빌어 다윗을 죽이려는 불순한 의도로 그들의 포피(包皮) 200개를 걸었기 때문입니다 (삼상 18:25).

다윗이 사울을 피해 다니던 중 두 번씩이나 사울을 죽일 수 있는 기회가 있었습니다. 그러나 한 번은 다윗이 사울의 옷자락만 베었습니다 (삼상 24:4). 또 한 번은 사울의 창과 물병만을 취했습니다 (삼상 26:12). 그처럼 배은망덕한 사울을 다윗이 살려 준 이유가 무엇이었습니까? 그것은 두말할 필요도 없이 인간의 존엄성 때문입니다. 인간의 존엄성은 하나님으로부터 나옵니다. 그래도 하나님이 창조하신, 그리고 한 때는 하나님이 왕으로 선택하신 존귀한 인간이기에 다윗은 직접 손을 대지 않았던 것입니다.

3. 예수 그리스도

예수 그리스도가 하나님의 안목으로 인간을 존귀하게 대하신 실례는 너무나 많습니다. 요한복음에서 세 가지 사례를 찾아보겠습니다. 첫 번째 사례는 니고데모와의 만남입니다 (요 3:1~15). 니고데모는 종교적으로 최고의 지도자였으나, 거듭남의 문제를 해결하지 못한 사람이었습니다. 그는 비교적 솔직담백한 유대교의 지도자였으나, 그래도 그의 영혼의 문제를 해결하지 못하고 방황하는 사람이었습니다. 방황하지 않았다면 그 밤중에 예수님을 찾아왔을 이유가 없잖습니까?

니고데모는 외적으로는 종교적이었으나, 내적으로는 성령으로 거듭나지 못한 빛 좋은 개살구와 같은 종교 지도자였습니다. 그러나 그가 감히 예수 그리스도를 찾아왔기에 그는 엄청난 복음을 듣게 되었습니다: "모세가 광야에서 뱀을 든 것같이 인자도 들려야 하리니, 이는 저를 믿는 자마다 영생을 얻게 하려 하심이니라"

(요 3:14~15). 니고데모는 영적으로 타락한 사람이었지만, 그를 존귀하게 여기시는 예수님은 이처럼 놀라운 메시지를 주셨습니다.

두 번째 사례는 사마리아의 여인과의 만남입니다 (요 4:3 이하). 이 여인은 도덕적으로 타락한 여인이었습니다. 그녀는 남편을 다섯이나 두었었고, 지금 함께 살고 있는 남자는 정식 남편도 아닙니다. 그녀는 유대인들로부터는 물론, 같은 족속인 사마리아인들로부터도 따돌림을 받을 만큼 도덕적으로 타락한 여인이었습니다. 그녀는 여러 가지로 발버둥쳐 보았지만, 외로움의 문제나 자존감의 문제를 해결할 수 없었습니다.

예수 그리스도는 이런 사마리아 여인을 너무나 존귀하게 여기셨습니다. 비록 환경적으로나 도덕적으로 어려움에 처해 있는 여인이었으나, 그래도 하나님의 형상대로 지음을 받은 존귀한 인간이었습니다. 그분은 그 여인을 만나서 존엄성을 회복시키고자 80킬로미터나 되는 먼 거리를 걸어가셨습니다. 그것도 열화(熱火)와 같은 햇빛을 받으면서 말입니다. 그리고 그 여인을 만나셨고, 변화시키셨고, 인간적인 존엄성을 회복시키셨습니다.

세 번째의 사례는 38년 된 병자와의 만남입니다 (요 5:2 이하). 이 병자는 38년이란 오랜 기간 질병으로 시달려온 사람입니다. 그는 육체적으로 타락한 사람이었습니다. 그의 소원은 한 가지뿐이었습니다! 그것은 건강을 회복하는 일이었습니다. 그러나 그 소원이 이루어질 수 있는 방법은 어디를 보아도 있지 않았습니다. 그의 식구들도 그를 포기했습니다. 친구들은 두말할 필요도 없습니다. 심지어는 함께 노숙하던 다른 병자들도 그를 포기했습니다.

모든 사람이 그를 버린 전혀 소망 없는 사람이었습니다.

그러나 예수 그리스도는 그를 포기하지 않으셨습니다. 그분은 이처럼 더럽고 소망 없는 병자 안에 있는 하나님의 형상을 보셨습니다. 그분은 이처럼 더럽고 소망 없는 병자에게서 인간의 존엄성을 보셨습니다. 그분은 각종의 병자들이 우글거리는 베데스다 못 가로 가서서 그 38년 된 병자를 만나셨습니다. 그리고 그 병을 고쳐 주셨습니다! 그를 가정으로 돌려보내셨습니다! 그의 죄를 용서하셨습니다! 인간의 존엄성을 회복시켜 주셨습니다!

III. 결론

본문 "아브라함과 다윗의 자손 예수 그리스도의 세계"를 통하여 우리는 그들이 인간을 존귀하게 여긴 사실들을 살펴보았습니다. 그들이 인간의 존엄성을 그처럼 깊이 보고 또 삶에 적용시킨 근거는 하나님의 창조입니다. 그들이 하나님을 믿고 의지한 증거는 바로 하나님의 형상대로 창조된 인간을 존귀하게 여겼다는 사실입니다. 아브라함과 다윗과 예수 그리스도의 이런 안목은 우리에게도 교훈을 주고도 남습니다.

첫 번째 교훈은 아브라함이 그의 조카 롯을 위하여 생명을 건 것처럼, 우리도 하나님께서 우리에게 맡겨 주신 사람들을 위하여 *생명을 걸어야* 합니다. 아브라함은 주변의 모든 사람들을 위하여 생명을 걸지 않았습니다. 그는 하나님이 그에게 맡기셨다고 여긴 롯을 위하여 생명을 걸었습니다. 우리도 마찬가지입니다! 우리는 우리 주변의 모든 사람들을 위하여 생명을 걸 수는 없습니다. 그러나 하나님이 우리에게 부담감을 주시거나, 아니면 우리의 책임이라고 느끼는 사람들을 위해서는 생명을 걸어야 합니다.

롯이 연합군에게 끌려갔을 때 아브라함이 생명을 걸고 그를 구출한 것처럼, 우리도 세상의 풍속에 사로잡혀 있거나 죄에 이끌려가는 사람들을 구출해야 합니다. 그런 사람들 가운데는 신앙적으로 떨어졌거나 타락한 사람들도 있을 것입니다. 그런 사람들 가운데는 하나님을 등지고 자신만을 의존하는 사람들도 있을 것입니다. 그런 사람들 가운데는 악령에 이끌리는 삶을 사는 사람들도 있을 것입니다. 그런 사람들 가운데는 기독교를 비웃으며 다른 종교에 몰입하는 사람들도 있을 것입니다.

그런 사람들이 어떤 상태에 있든지 그들도 역시 존귀한 인간이요, 하나님의 형상대로 지음을 받은 인간입니다. 우리는 그런 안목으로 그들의 존엄성을 인지(認知)하면서 그들에게 다가가야 합니다. 생명을 걸고 다가가야 합니다. 여기에서 생명을 건다는 것은 무슨 뜻입니까? 그들로부터 사랑과 존경을 받지 못할 수도 있다는 뜻입니다. 그들로부터 핍박을 받을 수도 있다는 뜻입니다. 그러나 우리가 진정으로 자신을 포기하고 그들을 존귀하게 여긴다면 하나님은 우리로 하여금 그들을 구원해 내실 것입니다.

두 번째 교훈은 다윗이 배은망덕한 사울에게 보복하지 않은 것처럼, 우리도 우리의 마음을 아프게 하거나 배은망덕한 사람들도 역시 *존귀하게* 여겨야 합니다. 그런 사람들도 역시 하나님의 형상을 따라 지음을 받은 존귀한 인간이기 때문입니다. 비록 그들이 세상의 풍속이나 악령의 영향을 받아 우리를 괴롭힌다손치더라도, 우리는 그들을 미워하면 안 됩니다. 오히려 그들을 용서하고, 한 발 더 나아가 그들의 행복을 빌어 주어야 합니다.

우리 주변에는 인간의 존엄성을 모르는 사람들이 너무나 많습니다. 그런 이유 때문에 서로를 헐뜯고, 비방하고, 괴롭게 만듭니다. 우리 신앙인들은 어차피 그런 사람들 속에서 살아갑니다. 그러므로 우리는 필연적으로 우리를 이용하려는 사람들로부터 상처를 받게 됩니다. 인간적으로 그들을 미워하면서 보복하고 싶을 것입니다. 그러나 우리는 그들의 존엄성을 인지(認知)하면서 그들을 존귀하게 여겨야 할 것입니다.

보복은 하나님의 전유물(專有物)입니다. 그런 이유 때문에 바울 사도는 이렇게 권면합니다: "내 사랑하는 자들아, 너희가 친히 원수를 갚지 말고 진노하심에 맡기라. 기록되었으되, 원수 갚는 것이 내게 있으니 내가 갚으리라" (롬 12:19). 이처럼 하나님에게 맡길 뿐 아니라, 한 발 더 나아가 그들의 필요를 채워 주면서 그들을 존귀하게 여긴다는 사실을 나타내야 합니다. 바울은 바로 그런 마음을 이렇게 표현합니다, "네 원수가 주리거든 먹이고, 목마르거든 마시우라" (롬 12:20).

다윗과 사울의 관계에서 결국 하나님이 개입하셨습니다. 하나님은 불의를 연속으로 저지른 사울을 블레셋 사람들을 통하여 응징(膺懲)하셨습니다. 그들은 사울을 인정사정없이 죽였습니다 (삼상 31:5). 이 소식을 들은 다윗의 반응은 어떠했습니까? 그의 생명을 노린 사울의 죽음을 기뻐했습니까? 아닙니다! 다윗은 사울이 죽었다는 소식을 듣고 금식하며 슬퍼했습니다. 그 이유는 간단합니다. 다윗은 사울이 이스라엘의 왕이었을 뿐 아니라, 무엇보다도 하나님의 형상대로 지음을 받은 존귀한 인간이라는 사실을 알았기 때문입니다.

세 번째 교훈은 예수 그리스도는 종교적으로 타락한 사람이든, 도덕적으로 타락한 사람이든, 육체적으로 타락한 사람이든, 그들 모두를 존귀하게 여기셨습니다. 마찬가지로, 우리도 우리 주변에 있는 타락한 사람들을 존귀하게 여겨야 합니다. 어떻게 하는 것이 그들을 존귀하게 여기는 것입니까? 그것은 예수 그리스도처럼 하면 됩니다. 그분은 그들을 만나 주심으로 그들의 존엄성을 회복시키셨습니다.

우리도 마찬가지입니다. 우리 주변에는 종교적으로나, 도덕적으로나, 육체적으로 타락한 사람들이 너무 많습니다. 비록 그들이 하나님의 형상대로 지음을 받은 존귀한 인간이나 그런 존엄성을 알지 못하고 살아갑니다. 그 이유는 너무나 분명합니다! 그들이 하나님을 떠나 살기 때문입니다. 그들은 그들의 힘이나 방법으로는 하나님에게로 돌아올 수도 없습니다. 많은 경우 그들은 왜 그처럼 타락한 상태에서 살아가는지도 모르고 방황합니다.

우리는 이처럼 하나님을 떠나 살고 있는 사람들에게 다시 *존엄성을 회복시켜* 주어야 합니다. 그 방법은 그들에게 예수 그리스도를 소개하는 것입니다. 예수 그리스도는 니고데모와 사마리아 여인과 38년 된 병자를 만나서 복음을 통하여 그들을 용서하시고, 그들의 존엄성을 회복시켜 주셨습니다. 우리도 그런 사람들에게 구세주요 치유자이신 예수 그리스도를 소개함으로, 다시 말해서, 그들에게 복음을 전함으로 그들도 인간으로서의 존엄성을 회복하게 해야 합니다.

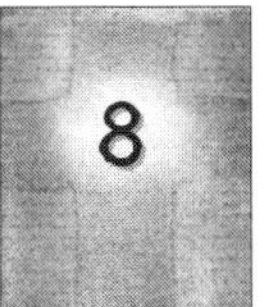

나그네 인생

"아브라함과 다윗의 자손 예수 그리스도의 세계라."

I. 서론

인생은 나그네의 삶입니다. 왜 인생이 나그네의 삶입니까? 그 이유는 나그네의 뜻을 음미하면 쉽게 이해할 수 있습니다. 나그네 란 고향을 떠나 정처 없이 살아가는 사람입니다. 한 곳에 머물러 있지 않고 오늘은 이곳 내일은 저곳으로 옮겨 다니는 사람입니다. 이 세상에 태어난 인생은 너나없이 이곳저곳으로 옮겨 다닙니다. 마치 우리가 태어난 이 세상이 우리의 고향이 아닌 것처럼 배회하며 살아갑니다.

내가 지금까지 살아온 인생을 돌아보아도 그렇습니다. 서울에서 태어나 성장하다가, 전쟁을 피해 경기도 장단이란 곳에서 몇 년 간 살았습니다. 그리고 한국전쟁 때는 충청도 예산에서 살았습니다. 군대에 들어가서 강원도와 전라도를 오락가락하며 살았습니다. 그리스도인이 된 후에는 더욱 나그네와 같이 살았습니다. 태국에서도 살고, 미국에서도 살고, 인도에서도 살고, 한국에서도 사는 등 항상 옮겨 다니면서 살아왔습니다.

II. 본론

본문에 열거된 세 사람, 아브라함과 다윗과 예수 그리스도도 예외는 아닙니다. 그들은 나그네처럼 늘 옮겨 다니며 산 사람들입니다. 그들에게도 육체적인 고향은 있었습니다. 그러나 그들이 성장한 후 그 고향은 그들에게 더 이상 큰 의미를 주지 못했습니다. 왜냐하면 그들은 과거에 집착하면서 산 사람들이 아니었기 때문입니다. 물론 과거도 중요하지만 그 못지않게 현재도 중요했기 때문입니다.

아브라함과 다윗과 예수 그리스도에게는 현재도 중요했지만, 그렇다고 현재에만 안주(安住)하고 살 수는 없었습니다. 왜냐하면 현재가 전부가 아닌 것을 그들은 잘 알고 있었기 때문입니다. 그들은 미래라는 엄청난 삶이 있다는 것을 알았습니다. 그리고 그 미래는 이중적인 것이기에 너무나 중요했습니다. 현세에서의 미래가 있는가 하면 죽음 후의 미래가 있기 때문입니다. 그리고 그 미래는 영원한 것이기에 더욱 중요했습니다.

1. 아브라함

아브라함은 하나님을 만나기 전에도 아버지를 따라 갈대아 우르에서 하란으로 이동했습니다 (창 11:31). 아버지가 하란에서 죽은 후 하나님의 뜻에 따라 그는 세겜, 곧 현재의 이스라엘로 왔습니다 (창 12:5). 거의 1,000킬로미터나 되는 먼 여행길이었습니다. 얼마 지나지 않아서 그는 애굽으로 내려갔습니다 (창 12:10 이하). 다시 애굽에서 헤브론으로 돌아왔습니다. 그러면 아브라함은 헤브론에서 안주했습니까? 물론 아닙니다!

아브라함은 끊임없이 나그네의 인생을 살았습니다. 그는 북쪽으로 갔다가, 다시 헤브론으로 왔습니다. 그는 또 그랄을 거쳐 브엘세바로 갔다가, 상황이 바뀌니까 다시 헤브론으로 돌아왔습니다. 아브라함의 나그네 인생은 세 가지로 압축될 수 있습니다. 첫째는 갈대아에서 이스라엘로, 둘째는 애굽을 갔다가 오고, 그리고 셋째는 이스라엘 내에서 배회하는 것이었습니다. 그는 이렇게 나그네 인생을 살면서 땅도 샀고 묘지도 샀습니다. 그러나 그는 그 땅에 소망을 두고 살지 않았습니다.

그러면 나그네의 삶을 산 아브라함을 지탱해 준 것은 무엇이었습니까? 그것은 소망이었습니다. 그에게 어떤 소망이 있었습니까? 그것은 고향에 대한 소망이었습니다. 아브라함이 이처럼 나그네의 길을 살면서 갈대아 우르라는 고향을 소망했다는 말입니까? 아닙니다! 육신적 고향은 추억의 장소가 될망정 소망의 곳은 될 수 없습니다. 그렇다면 아브라함이 소망한 고향은 어디입니까?

히브리서 저자는 아브라함의 고향을 이렇게 묘사했습니다: "이 사람들은 다 믿음을 따라 죽었으며 약속을 받지 못하였으되 그것들을 멀리서 보고 환영하며, 또 땅에서는 외국인과 나그네로라 증거하였으니....저희가 나온 바 본향을 생각하였더라면 돌아갈 기회가 있었으려니와, 저희가 이제는 더 나은 본향을 사모하니 곧 하늘에 있는 것이라. 그러므로 하나님이 저희 하나님이라 일컬음 받으심을 부끄러워 아니하시고, 저희를 위하여 한 성을 예비하셨느니라" (히 11:13~16).

여기에서 *이 사람*들은 누구입니까? 그들은 아브라함과 그의 아내 사라, 그리고 아들과 손자였습니다. 성경 말씀을 더 보겠습니다: "믿음으로 저가 외방에 있는 것같이 약속하신 땅에 우거하여 동일한 약속을 유업으로 함께 받은 이삭과 야곱으로 더불어 장막에 거하였으니, 이는 하나님의 경영하시고 지으실 터가 있는 성을 바랐음이니라" (히 11:9~10).

아브라함은 비록 이 세상의 삶이 나그네와 같지만, 마침내 고향으로 돌아갈 것을 알았습니다. 그 고향은 하나님이 예비하신 천국이었습니다. 그 곳은 완전하고도 영원한 곳이었습니다. 그런 소망 때문에 아브라함은 나그네 인생을 마다하지 않았습니다. 그에게 위로가 있었다면 그것은 같은 소망을 가진 믿음의 식구들과 함께 나그네 길을 가는 것이었습니다. 이런 가정의 교제는 천국의 교제를 그리워하게 하는 귀한 것이었습니다. 그들은 같은 소망 때문에 함께 울고 웃으며, 함께 나그네 인생을 해쳐갔습니다.

2. 다윗

다윗도 아브라함 못지않게 나그네 인생을 살았습니다. 그의 나그네 인생길은 크게 네 시기(時期)로 구분할 수 있습니다. 첫 번째 시기는 주로 기브아를 중심으로 그의 삶이 이루어졌습니다. 그는 베들레헴과 기브아를 오락가락하면서 사울 왕을 도왔습니다. 기브아를 기점으로 여러 전쟁터로 나갔다가 마침내 사울이 그를 죽이려는 흉계를 알고, 기브아를 떠나 도망다니기 시작했습니다 (삼상 16~22장).

다윗의 두 번째 나그네 인생길은 본격적으로 사울 왕을 피하여 다니던 시기였습니다. 이 시기에 그는 주로 산속, 광야, 황무지, 동굴 등으로 전전긍긍(戰戰兢兢)하면서 쫓기는 그야말로 나그네의 행보였습니다. 이처럼 쫓기는 처량한 신세에도 불구하고 그는 부모를 위험에서 구출했고 (삼상 22:3~4), 아멜렉 사람들로부터 빼앗긴 사람들과 재산을 찾아오기도 했고, 또 아비가일이라는 아름다운 여인을 만나기도 했습니다 (삼상 22~30장).

다윗의 세 번째 나그네 인생길은 사울 왕이 죽은 후부터였습니다. 멀리 떨어진 은신처인 시글락에서 헤브론으로 돌아왔습니다. 그 후 다윗은 왕이 되어 예루살렘으로 들어왔으며, 그 곳이 그의 근거지가 되었습니다. 다윗은 예루살렘을 떠나는 여행을 여러 번했는데, 어떤 때는 우상을 섬기는 블레셋 사람들을 진압하기 위해서 갔습니다. 어떤 때는 언약궤를 예루살렘으로 가져오기 위해서 갔습니다 (삼하 5~6장).

다윗의 네 번째 나그네 인생길은 그가 통일 왕국을 이룬 후였습니다. 그가 북쪽 나라 이스라엘과 남쪽 나라 유다를 통일시킨 후에는 수도인 예루살렘에서 평안히 쉴 수 있었습니다. 그러나 그는 여전히 나그네 인생을 선택했습니다. 왜 그랬습니까? 영토를 확장하기 위해서였습니다. 그는 모압을 치기 위하여, 소바를 점령하기 위하여, 아말렉 사람을 진멸시키기 위하여, 암몬 족속과 싸우기 위하여 늘 여행을 했습니다. 그뿐 아닙니다! 그는 반란을 일으킨 아들 압살롬을 피하기 위하여 예루살렘을 떠나기도 했습니다 (삼하 8~19장).

이처럼 항상 나그네 인생을 산 다윗을 지탱해 준 것은 무엇이었습니까? 다윗의 경우도 아브라함처럼 소망이었습니다. 그에게 무슨 소망이 있었습니까? 그것은 하나님이 그를 이스라엘의 왕으로 삼으시겠다는 약속이었습니다. 그 약속의 표시로 하나님은 사무엘을 통하여 그에게 기름을 부어 주셨습니다 (삼상 16:13). 어느 날 그가 왕이 되어 위로 하나님이 맡겨 주실 백성을 치리하리라는 소망 때문에 환난을 무릅쓰고 나그네 인생을 달게 감수했습니다.

아브라함처럼 다윗도 같은 소망 때문에 함께 동고동락(同苦同樂)하던 사람들이 있었습니다. 다윗은 그들과 함께 도망하고, 함께 굶고, 함께 먹고, 함께 들판에서 자고, 함께 울고, 함께 웃는 사람들이 있었습니다. 그들의 수는 약 400명이었습니다 (삼상 22:1~2). 쫓기는 신세에 이런 무리를 거느린다는 것은 무거운 짐이 될 수도 있었을 것입니다. 그러나 다윗은 그렇게 생각하지 않고, 서로 위로하며, 끌고 밀면서 험악한 나그네 길을 헤쳐 나갔습니다.

3. 예수 그리스도

예수 그리스도의 생애는 어떠했습니까? 그분은 하나님의 아들로서 하나님과 더불어 하늘의 모든 영광을 누리시던 분이셨습니다. 그처럼 높고 높은 분이 낮고 낮은 세상으로 내려오셨습니다. 그 때부터 예수 그리스도는 진정으로 나그네 인생을 사셨습니다. 그분의 고향은 하늘나라였습니다. 거기에는 죄도 없고, 질병과 가난도 없습니다. 거기에는 시기와 질투도 없고, 미움과 살인도 없습니다. 거기에는 평안과 거룩과 영광만이 가득한 곳입니다.

이 세상으로 오신 예수 그리스도의 생애는 문자 그대로 나그네 인생을 사셨습니다. 그분에게는 "머리 둘 곳"조차 없었습니다. 그분의 그런 생애는 어떤 면에서 공중의 새나 산속의 여우만도 못한 생애였습니다 (마 8:20). 어떤 때는 이 세상과 세상에 있는 모든 것을 창조하신 그분에게 끼니조차도 없었습니다 (마 12:1). 그뿐 아니었습니다! 그분도 아브라함과 다윗처럼 계속적으로 이동하며 사실 수밖에 없었습니다.

예수 그리스도의 나그네 인생은 크게 셋으로 구분할 수 있습니다. 첫째는 부모의 품에 안기어 애굽으로 피난을 간 때였습니다

(마 2:14). 헤롯 왕이 그를 죽이려 했기 때문입니다. 이 피난길은 예수님이 이 세상에 태어나자 얼마 되지 않은 때 일어났습니다. 그리고 그것은 그분의 험난한 생애를 예고하는 것과 같은 것이기도 했습니다. 둘째는 헤롯이 죽은 것을 알고 다시 예루살렘으로 돌아왔을 때였습니다. 헤롯으로부터 통치권을 물려받은 아들을 피하여 다시 머나먼 여행길을 갔습니다. 그 곳이 바로 나사렛이었습니다.

셋째는 예수 그리스도가 대중사역을 시작하면서였습니다. 그분은 한 시도 쉬지 않으시고 여기저기를 다니시면서 필요한 사람들을 만나 주셨습니다. 그분을 필요로 하는 사람들이 누구든지, 그리고 어떤 필요이든 마다하지 않고 가셨습니다. 그분은 그분을 필요로 하는 사람들이 있는 곳이면 어디든 가셨습니다. 예루살렘에서 가버나움으로, 가버나움에서 다시 예루살렘으로 가셨습니다. 그분은 남들이 기피하는 사마리아도 가셨고, 저 북쪽에 있는 헤르몬산에도 가셨고, 산골짜기이며 환경적으로 너무나 열악한 데가볼리에도 가셨습니다.

예수 그리스도에게는 어떤 소망이 있었기에 이처럼 나그네 인생을 꿋꿋이 견디어 내셨습니까? 그분에게도 아브라함과 다윗처럼 소망이 있었습니다. 그분의 소망은 인류의 구원이었습니다. 소망 없이 살아가는 사람들의 구원이 그분의 소망이었습니다. 인생의 방향도 모른 채, 인생의 목적도 모른 채, 나그네와 같은 인생이 언젠가는 끝난다는 사실도 망각한 채 살아가는 사람들을 위해서 예수 그리스도는 나그네 인생을 마다하지 않으셨습니다.

예수 그리스도는 그 소망을 허락하신 하나님과 영적으로 교제하셨습니다. 그리고 하나님 아버지로부터 그 소망을 굳건히 할 수 있는 영적 힘을 공급받으셨습니다. 그뿐 아니었습니다! 그처럼 고귀한 소망을 나누며 또 물려받을 제자들과의 교제 때문에 그분은 나그네 인생을 걸어가실 수 있었습니다. 만일 그분에게 그런 소망을 물려받을 제자들이 없었다면, 예수 그리스도는 쓸쓸하게 나그네 인생을 마치셨을 것입니다. 가장 심각한 것은 그분의 소망도 끝났을 것입니다.

III. 결론

본문 마태복음 1장은 세 사람의 족보, 곧 아브라함과 다윗의 자손 예수 그리스도의 족보입니다. 이 세 분은 공통적으로 나그네의 인생을 택한 사람들이었습니다. 그들은 한결같이 그들에게 주어진 소망 때문에 나그네 인생을 마다하지 않고 감내(堪耐)하면서 살았습니다. 그들의 인생은 과연 모든 그리스도인들에게 귀감이 되고도 남습니다. 그들의 나그네 인생에서 우리는 다음과 같은 교훈을 찾아서 우리의 삶에 적용할 수 있을 것입니다.

첫 번째 교훈은 아브라함이 영원한 고향인 하늘나라를 소망하면서 나그네 인생을 산 것처럼, 우리도 *하늘나라를 소망*하면서 살아가야 합니다. 현재 우리가 살고 있는 이 땅, 곧 한국은 우리의 영원한 고향이 아닙니다. 우리는 어느 날 반드시 이 땅을 떠납니다. 이 땅을 떠나는 날, 하늘나라에 대한 소망을 가진 사람들은 그 고향으로 들어갈 것입니다. 그러나 그런 소망이 없는 사람들은 그 하나님의 도시에 들어가지 못합니다.

하늘나라를 고향으로 삼은 사람들은 이 세상을 고향으로 삼은 사람들로부터 오해와 핍박을 받으면서 살아갑니다. 그것은 당연한 것이 아닙니까? 우리의 사고와 언행이 다르기 때문입니다. 우리는 이 세상과 세상의 방법에 우선권을 두지 않습니다. 그러니 이 세상과 세상의 방법에 우선권을 둔 사람들로부터 비웃음을 받는 것은 너무나 당연합니다. 이런 사실을 잘 지적한 베드로의 말을 보겠습니다.

"너희가 음란과 정욕과 술취함과 방탕과 연락과 무법한 우상 숭배를 하여 이방인의 뜻을 좇아 행한 것이 지나간 때가 족하도다. 이러므로 너희가 저희와 함께 그런 극한 방탕에 달음질하지 아니하는 것을 저희가 이상히 여겨 비방하나, 저희가 산 자와 죽은 자를 심판하기를 예비하신 자에게 직고하리라" (벤전 4:3~5). 얼마나 정확한 진단입니까? 그리고 얼마나 두려운 결말입니까?

아브라함이 나그네 인생을 살아가는 동안 그와 동행하면서 위로하던 믿음의 식구들이 있었습니다. 마찬가지로, 그리스도인들은 같은 천국 소망을 가진 *믿음의 식구들과 교제*하면서 살아야 합니다. 믿음을 공유한 가정에서 우리는 같은 소망을 나눌 뿐 아니라, 눈물과 기쁨도 나누어야 합니다. 시간과 물질도 나누어야 합니다. 마음을 나누어야 합니다. 그런 교제는 천국에서 누릴 영원한 교제를 미리 맛보는 것입니다. 그러나 식구들 가운데 이처럼 귀한 믿음을 갖지 못한 사람이 있다면 그들을 믿음으로 초청해서 교제를 나누어야 합니다.

두 번째 교훈은 다윗이 하나님의 약속을 소망하면서 나그네 인생을 산 것처럼, 우리도 하나님이 우리에게 주신 *약속을 부여잡고* 나그네 인생을 살아가야 합니다. 다윗은 그 약속 때문에 많은 고난을 겪었지만, 또 그 약속 때문에 모든 고난도 이겼습니다. 마찬가지로, 우리에게도 약속이 있습니다. 그 약속은 "산 돌이신 예수에게 나아와 너희도 산 돌 같이 신령한 집으로 세워지고"라는 것입니다 (벧전 2:4~5).

이 약속의 말씀 때문에 산돌교회에 속한 사람들은 나그네 인생을 택했습니다. 우리는 가까이에 있는 교회에 다니면서 편안하게 신앙 생활을 할 수도 있었습니다. 우리는 좋은 시설과 좋은 조직을 자랑하는 교회에 다닐 수도 있었습니다. 그러나 우리는 그런 안락한 삶과 신앙 대신에 나그네 인생을 택했습니다. 산돌교회는 어느 집사님의 가정에서 소박하게 예배를 드리며 시작되었지만, 그래도 그 곳에는 사랑의 교제가 있었습니다.

이하여대부속중학교의 교실에서 예배를 드릴 때는 환경적으로 너무나 열악했었습니다. 현재 이곳 소강당은 교실보다는 훨씬 좋지만, 아주 추울 때는 떨면서 예배를 드리고 있지 않습니까? 왜 우리는 이처럼 나그네 인생을 택했습니까? 하나님의 약속이 이루어지리라는 소망 때문입니다. 그리고 다윗이 400명의 피난민을 거느리고 함께 소망을 나눈 것처럼, 우리도 피난민 같은 교회 식구들이 함께 울고 웃으며, 함께 밀고 끌면서 소망을 향하여 나그네 인생을 살고 있습니다.

우리가 진정으로 산돌들이 되어 함께 교회로 지어져 간다면, 우리가 각자의 위치에서 각자의 역할에 충실한다면, 우리가 산돌들처럼 갈아지고 있다면, 우리가 산돌들처럼 서로를 위하여 기도하며 진정으로 돌본다면, 하나님이 우리 교회에 많은 성도를 허락하시지 않겠습니까? 물론 중요한 것은 숫자가 아니라, 나그네 인생의 자질이지만 말입니다. 이 교회에서 하나님의 약속을 함께 일구어 가시기를 바랍니다.

세 번째 교훈은 예수 그리스도가 인류의 구원이라는 소망 때문에 나그네 인생을 택하신 것처럼, 우리도 우리 주변 사람들의 *구원을* 소망하며 나그네 인생을 마다하지 않아야 할 것입니다. 그분이 사람들의 구원을 위하여 희생과 가난을 감수하신 것처럼, 우리도 주변 사람들의 구원을 위하여 희생을 감수해야 합니다. 그들을 위하여 기도해야 합니다. 그들을 찾아가야 합니다. 그들과 좋은 관계를 맺어야 합니다. 그들의 필요를 희생적으로 채워 주어야 합니다.

예수 그리스도가 이처럼 엄청난 소망을 이루기 위하여 끊임없이 기도하시면서 하나님 아버지와 영적인 교제를 나누셨습니다. 우리도 주변 사람들의 구원이라는 궁극적인 소망을 가지고 기도로 하나님 아버지와 깊은 영적 교제를 나누어야 합니다. 이런 기도가 없다면 주변 사람들의 구원은커녕 우리의 영혼이 메마르게 됩니다. 평안과 기쁨도 잃게 됩니다. 사랑과 절제도 잃게 됩니다. 그 대신 회의와 갈등으로 가득하게 될 것입니다.

예수 그리스도는 이처럼 엄청난 소망을 혼자 간직하지 않으셨습니다. 그분은 이 소망이 너무나 소중하기에 제자들에게 나누어 주셨습니다. 그분은 열두 명의 제자들을 택하신 후, 그들에게 인류의 구원이라는 소망을 전해 주셨습니다. 우리도 마찬가지입니다! 하나님은 우리에게 죄인의 구원이라는 엄청난 소망을 주셨습니다. 우리는 이 소망을 혼자 간직할 수 없습니다. 우리는 이 귀중한 소망을 주변의 사람들에게 나누어 주어야 합니다.

어떻게 하면 효과적으로 나눌 수 있습니까? 예수님처럼 하면 됩니다. 그분은 소수의 사람들을 택하시고 그들과 깊이 교제하면서 소망을 나누셨습니다. 우리도 마찬가지입니다! 우리 주변의 몇 사람을 택하고 그들과 삶을 나누어야 합니다. 그들과 교제를 나누어야 합니다. 그들에게 소망을 심어 주어야 합니다. 그들을 예수 그리스도의 제자로 삼아야 합니다. 그런 삶을 사는 것은 비록 우리가 나그네 인생을 살아도 가치 있는 것입니다.

준비된 그릇

"아브라함과 다윗의 자손 예수 그리스도의 세계라."

I. 서론

비록 우리가 나그네 인생을 살지만, 그래도 그 인생을 가치 있는 것으로 만들 수 있습니다. 어떻게 하면 나그네 인생을 가치와 의미가 있는 것으로 만들 수 있습니까? 인생을 가치 있게 만드는 방법은 많습니다. 그 가운데 한 가지 방법은 준비입니다. 어떻게 준비를 통해서 나그네 인생을 가치 있게 만들 수 있습니까? 그 이유도 간단합니다! 준비된 사람에게는 반드시 기회가 주어지기 때문입니다.

우리가 한 인생을 살아가는 동안 반드시 도약할 수 있는 기회가 주어집니다. 그 기회는 남녀노소를 구별하지 않고 모든 사람에게 주어집니다. 그 기회는 좋은 것일 수도 있고 나쁜 것일 수도 있습니다. 준비된 사람은 그 기회를 포착하여 도약할 수 있습니다. 그러나 반대로 준비가 되어 있지 않은 사람은 그런 기회가 왔을 때 그 기회를 활용하지 못하거나, 아니면 오히려 걸려 넘어집니다.

II. 본론

신약성경의 첫 번째 책인 마태복음에서 제일 먼저 나오는 세 인물, 아브라함과 다윗과 예수 그리스도도 마찬가지였습니다. 이 세 분에게도 어떤 때는 위기가 찾아왔고, 또 어떤 때는 기회가 찾아왔습니다. 아브라함과 다윗과 예수 그리스도는 그것이 위기였든 기회였든, 그들은 그 기회를 포착하고 사용했습니다. 그 결과, 그들은 인간적으로, 사회적으로, 영적으로 도약할 수 있었습니다.

아브라함과 다윗과 예수 그리스도는 그들에게 찾아온 기회를 어떻게 포착하여 활용했습니까? 그들의 방법은 특별한 것이 아니었습니다. 그들은 평상시에 준비하면서 지낸 사람들입니다. 물론 그들에게 어떤 위기나 기회가 올 줄 알고 미리 준비한 것은 아닙니다. 그들은 단지 성경의 원리에 따라 생활하면서 준비하였던 것입니다. 그런 이유 때문에 평상시의 준비는 우리의 인생을 좌우할 수 있는 너무나 중요한 요소입니다.

1. 아브라함

아브라함에게 어떤 위기가 있었습니까? 그에게 몰아닥친 위기
는 4개국의 연합군이 그의 조카를 사로잡아갔다는 소식을 들었
을 때였습니다. 성경 말씀을 직접 들어보겠습니다, "소돔에 거하
는 아브람의 조카 롯도 사로잡고 그 재물까지 노략하여 갔더라"
(창 14:12). 이 소식을 들은 아브라함이 무엇을 할 수 있었겠습니
까? 그는 75세가 넘은 백발노인에 불과했습니다. 그는 군인도 아
니요, 정치가도 아니었습니다. 군인이라면 무력으로, 정치가라면
외교로 조카를 찾으려고 애를 썼을 것입니다.

아브라함이 큰 부호라면 막대한 돈을 쓰면서 조카를 찾으려고
했을 것입니다. 그러나 그는 기껏해야 양과 소를 치는 목자에 불
과했습니다. 그에게 막대한 재산이 있을 수가 없었습니다. 그러면
아브라함은 어떻게 그의 조카와 그 식구들을 찾아올 수 있었습니
까? 그의 비결은 역시 준비였습니다. 그는 평범한 목자였지만, 준
비를 철저하게 했다는 점에서 결코 평범한 목자가 아니었습니다.
그는 성경의 원리대로 산 사람이었습니다.

그러면 아브라함은 무엇을 어떻게 준비했습니까? 그의 준비를
찾아보기 위하여 다시 성경을 보겠습니다: "아브람이 그 조카의
사로잡혔음을 듣고, 집에서 길리고 연습한 자 삼백십팔 인을 거
느리고 단까지 쫓아가서, 그 가신을 나누어 밤을 타서 그들을 쳐

서 파하고 다메섹 좌편 호바까지 쫓아가서, 모든 빼앗겼던 재물
과 자기 조카 롯과 그 재물과 또 부녀와 인민을 다 찾아왔더라"
(창 14:14~16).

아브라함은 평상시에 무엇을 준비했다는 말입니까? 그는 평상
시에 사람을 준비시키고 있었습니다. 이 말씀에서 우리는 "집에서
길리고 연습한 자"라는 표현을 봅니다. 이 표현은 우리에게 무엇
을 가르쳐 줍니까? 아브라함이 평상시에 사람들을 준비시켰다는
사실을 확실하게 알려 주는 대목입니다. 어떻게 준비시켰습니까?
위의 말씀에 의하면 두 가지 방법을 찾을 수 있습니다.

첫째는 "집에서 길리고"에서 찾을 수 있습니다. 아브라함은 많
은 사람들을 거느리고 있었던 것이 틀림없습니다. 그런 이유 때문
에 그의 집에서 태어난 사람들이 제법 많았던 것 같습니다. 아브
라함은 그들이 건강하게 성장할 수 있도록 조처를 취한 것이 틀림
없습니다. 아브라함은 하나님을 경외하는 사람으로서 그들에게
정신적으로나 육체적으로나 건강하게 성장할 수 있는 환경을 마
련해 주었습니다. 그렇지 않다면 그들이 어떻게 연합군을 대항해
서 싸울 수 있었겠습니까?

둘째 방법은 "연습한"에서 찾을 수 있습니다. 아브라함은 그 집
에서 자란 사람들에게 건강한 환경만 마련해 준 것이 아니라, 그
들을 훈련시켰다는 것입니다. 아브라함은 평상시에 게으름을 부
리지 않고 그 사람들을 훈련시켰습니다. 물론 육체적인 훈련도 했
지만, 거기에 걸맞는 정신적이고 신앙적인 훈련도 시켰을 것입니
다. 그렇게 정신적으로 무장되지 않았다면 그들이 어떻게 감히 4

개국 연합군에게 공격을 가할 수 있었겠습니까?

2. 다윗

다윗은 어떻습니까? 다윗에게는 많은 위기와 기회가 교차한 파란 많은 인생을 산 사람이었습니다. 그는 많은 위기를 당해서 죽을 고비도 수없이 넘겼습니다. 그런가 하면 그에게는 좋은 기회도 많이 있었습니다. 그리고 그는 그런 기회가 올 적마다 그 기회를 놓치지 않고 잡았습니다. 그 결과 그는 마침내 통일 국가인 이스라엘의 왕이 되었습니다.

그러면 다윗은 어떤 준비를 했기에 위기와 기회에 적절히 대응했습니까? 다윗도 아브라함처럼 사람들을 훈련시켰습니다. 훈련된 사람들이 바로 다윗의 준비였습니다. 사무엘하 23장 8절 이하를 보면 다윗의 용사들이 열거됩니다. 그들은 모두 37명입니다. 그들은 평상시에 다윗이 훈련시킨 사람들이었습니다. 그리고 기회가 주어질 때마다 그늘은 용맹을 떨치면서 다윗과 더불어 위기와 호기에 대응했습니다.

그들은 다윗의 경건한 삶과 용기 있는 전투 정신을 이어받은 사람들이었습니다. 그들은 다윗과 더불어 전쟁터에 나가서 함께 승리를 누렸습니다. 그들은 마침내 힘을 합하여 다윗을 통일 왕국의 왕으로 세운 일등 공신들이었습니다. 그뿐만 아니었습니다! 그들은 계속해서 다윗의 왕위를 지키고 보호한 사람들이었습니다. 그들은 다윗 왕국의 확장을 위해서도 헌신한 사람들이었습니다.

그런데 다윗이 훈련시키고 함께 통일 국가를 이룬 다윗의 용사들을 보면 그들의 업적이 모두 다릅니다. 어떤 용사는 적군을 많이 죽이는 공을 세웠습니다. 어떤 용사는 생명을 걸고 다윗이 필요로 하는 것을 찾아 주었습니다. 어떤 용사는 다윗을 야수(野獸)의 위협으로부터 보호했습니다. 어떤 용사들은 특별한 어떤 공적도 기록되지 않았습니다. 비록 모든 용사의 직분과 기능이 달랐지만, 그들의 충성과 헌신은 같았습니다. 그리고 그들 모두의 이름이 성경에 기록되었고, 또 다윗도 기억했습니다.

다윗이 훈련시킨 이 용사들의 배경을 보면 흥미로운 사실을 발견할 수 있습니다. 그것은 그들의 배경이 다양하다는 사실입니다. 그들은 이스라엘 각처에서 모인 사람들이었습니다. 그뿐 아닙니다! 그 용사들 가운데는 아람 사람, 암몬 사람, 헷 사람도 포함되어 있습니다. 다시 말해서, 이스라엘 사람들이 미워하는 사람들도 있었다는 것입니다. 다윗은 그들의 출신과 종족보다는 그들의 충성과 헌신을 귀하게 여겼습니다. 다윗은 경건과 전투 훈련을 받고, 그리고 신실하게 함께 한 사람들과 영광을 나누었습니다.

파란 많은 나그네 인생을 다윗이 견디어 내고 마침내 그처럼 큰 영광을 누리게 된 것은 두 가지 때문이었습니다. 하나는 하나님의 약속과 그 약속을 이루시리라는 확신 때문이었습니다. 또 하나는 다윗이 훈련시킨 사람들의 충성스러운 헌신이었습니다. 이 두 가지 요인 때문에 다윗은 결국 승리와 영광을 쟁취할 수 있었습니다. 그리고 그가 인생의 절정에 올랐을 때 그는 모든 영광을 혼자 누리지 않았습니다. 그가 훈련시킨 사람들과 나누었습니다. 그런 목적 때문에 다윗은 그들의 이름을 일일이 기록했던 것입니다.

3. 예수 그리스도

예수 그리스도는 평상시 어떤 준비를 하셨습니까? 그분의 생애
는 너무나 짧았습니다. 그분은 아브라함처럼 오래 사시지 못했고,
자녀들을 키우시지도 못했습니다. 그분은 다윗처럼 많은 고난 끝
에 현실적인 왕위도 얻으시지 못했습니다. 그분은 겨우 30세를 넘
긴 후 비참하게 십자가 위에서 죽으셨습니다. 그 죽음은 온 몸이
찢기며 피를 남김없이 쏟은 그야말로 참혹한 죽음이었습니다.

그렇게 일찍 죽어야 했기에 예수 그리스도의 준비는 다른 누구
보다도 시급하고 또 철저하지 않으면 안 되었습니다. 그렇지 않다
면 그분의 죽음과 더불어 세계의 복음화라는 중차대한 사명도 소
멸(消滅)될 것이기 때문입니다. 그런 이유 때문에 예수 그리스도
는 대중 사역을 시작하자 곧바로 훈련을 시작하셨습니다. 그분은
먼저 제자들을 선택하셨습니다 (마 4:18~22). 그리고 그들을 훈련
시키셨습니다. 예수 그리스도의 훈련은 한 마디로 그분의 삶과 사
명을 나누어 주는 것이었습니다.

예수 그리스도가 이 세상에 오신 목적을 우리는 너무나 잘 압
니다. 그것은 세계의 복음화였습니다! 그러나 그분은 세상 밖으로
나가신 적도 없었습니다. 어렸을 때 부모의 품에 안겨 애굽으로
피난을 간 것 외에는 외국을 가본 적이 없었습니다. 그렇다면 어
떻게 세상을 복음화하시겠다는 말입니까? 그 방법이 바로 제자들

이었습니다. 그런 이유 때문에 예수 그리스도는 그야말로 혼신(渾身)을 다하여 그들을 훈련시키셨습니다.

예수 그리스도가 선택하시고 훈련시키신 열두 명의 제자들을 보면 참으로 놀랍습니다. 그들은 한 사람을 제외하고는 모두 갈릴리 촌사람들이었습니다. 그리고 상류층이 사는 지역 출신인 유다는 너무 똑똑한 나머지 예수 그리스도를 배반하고, 죄책감에 못 이겨 자살했습니다. 나머지 열한 명의 제자들은 비록 배경과 학문이 보잘 것 없었지만, 그래도 그들은 예수 그리스도로부터 훈련을 달게 받은 사람들이었습니다.

예수 그리스도의 제자들은 훈련을 받은 후 정말로 충성되게 예수 그리스도의 복음을 전했습니다. 그들은 머리도 굴리지 않았습니다. 그들은 환경의 변화에 따라 마음을 바꾸지도 않았습니다. 그들은 자신들을 훈련시키시고 사명을 나누어 주신 예수 그리스도에게 생명을 걸었습니다. 그들은 세계 복음화라는 사명을 위하여 아무 것도 아끼지 않았습니다. 그들은 마침내 그들의 목숨마저 내놓았습니다.

그 결과는 무엇이었습니까? 먼저, 제자들을 선택하시고 훈련시키신 예수 그리스도가 모든 영광을 받으셨습니다. 그 제자들 때문에 그분은 어디에서나 칭송과 경배를 받으십니다. 그 다음, 세계 각처에 예수 그리스도를 구세주와 주님으로 모신 사람들이 생겨났습니다. 마지막으로, 제자들도 큰 영광을 받았습니다. 그리스도 예수의 이름이 전해지는 곳마다 제자들의 이름도 전해지기 때문입니다.

III. 결론

우리는 본문에서 다음과 같은 교훈을 얻을 수 있습니다. **첫째**, 아브라함이 평상시 사람들을 훈련시켰다는 사실입니다. 그렇게 훈련된 사람의 수가 자그마치 318명이나 되었습니다. 그렇게 평상시에 준비하였기에 아브라함은 조카와 그 식구들이 잡혀갔다는 위기의 소식을 듣고도 의연하게 대처할 수 있었습니다. 오히려 위기를 기회로 삼았습니다. 그리고 그것이 아브라함의 생애에서 커다란 전환점이 되었습니다. 그 때부터 그는 하나님과 깊이 대화하는 관계로 들어갔습니다 (창 15:1).

우리도 마찬가지입니다! 우리는 무엇보다도 우리 가정에서 태어나 성장하는 *자녀들을 훈련시켜야* 합니다. 물론 모든 부모가 자녀들을 잘 키우려고 노력합니다. 그러나 우리 그리스도인들은 성경의 원리대로 그들을 훈련시켜야 합니다. 그렇게 하기 위하여 건강한 환경을 만들어 주어야 합니다. 무엇보다도 부모의 생활방식이 중요합니다. 왜냐하면 자녀들은 부모를 그대로 닮기 때문입니다.

둘째, 다윗도 평상시 사람들을 훈련시켰다는 사실입니다. 먼저는 경건의 훈련을 시켰고, 그 다음에는 전투의 훈련을 시켰습니다. 다윗으로부터 훈련을 받은 용사들은 끝까지 다윗과 동고동락하면서 충성을 바쳤습니다. 그 결과, 먼저 하나님이 영광을 받으셨습니다. 왜냐하면 그분의 약속이 이루어졌기 때문입니다. 그 다음 다윗이 영광을 받았습니다. 그가 통일 국가의 왕이 되었기 때문입니다. 마지막으로 다윗의 용사들이 영광을 받았습니다. 그들은 모두 다윗 왕국에서 중요한 지위를 누렸기 때문입니다.

우리도 마찬가지입니다! 다윗이 평상시에 사람들을 훈련시켜 용사로 만든 것처럼, 우리도 *다른 사람들을 훈련시키든지*, 아니면 훈련을 받아야 합니다. 충성스럽게 훈련을 받아야 합니다. 그리고 일단 훈련을 받으면 훈련자를 믿고 따라야 합니다. 훈련받은 대로 충성되게 살면서 함께 하나님 나라의 확장을 위하여 매진해야 합니다. 훈련은 받았지만, 그 훈련을 가볍게 생각하고, 함께 사역하지 않는다면 도중하차로 끝나는 셈이 됩니다.

셋째, 예수 그리스도도 평상시 소수의 사람들, 곧 열두 명을 제자로 훈련시키셨다는 사실입니다. 그분의 훈련 방법은 독특했습니다. 그분은 당신의 삶을 나누시면서 훈련의 모델이 되셨습니다. 그분은 당신의 사명을 조건 없이 나누어 주셨습니다. 그뿐 아니었습니다! 그분은 제자들에게 당신의 생명까지도 남김없이 주셨습니다. 한 마디로 말해서, 그분의 삶의 방식 자체가 바로 제자훈련이었습니다.

우리도 마찬가지입니다! 우리도 소수의 사람들로 구성된 *소그룹에서 훈련*을 받아야 합니다. 그리고 그 훈련을 마치면 다시 소그룹의 사람들을 훈련시켜야 합니다. 이 방법만이 하나님의 나라를 확장시키는 지름길이기 때문입니다. 그런데 이와 같은 소그룹의 훈련은 가장 강도 높은 훈련입니다. 어떤 그리스도인이라도 이와 같이 소그룹에서 강도 높은 훈련을 받지 않으면 훌륭한 지도자가 될 수 없습니다. 그뿐 아니라, 그 사람은 예수 그리스도의 본을 따르지 않는 죄를 범하는 결과를 갖게 됩니다.

아브라함과 다윗과 예수 그리스도는 공통적으로 평상시에 사람들을 훈련시켰습니다. 그런데 아브라함이 훈련시킨 사람들은 318명이나 되는데 반해, 다윗의 용사는 37명, 예수 그리스도의 제자는 12명입니다. 왜 그렇습니까? 아브라함이 더 훌륭한 훈련자입니까? 그렇지 않습니다. 아브라함으로부터 훈련받은 사람들은 싸움을 위한 훈련이었습니다. 그러나 다윗으로부터 훈련받은 사람들은 싸움만 위한 것이 아니었습니다. 그들로 하여금 상당한 지위까지 누리게 한 훈련이었습니다.

예수 그리스도로부터 훈련받은 제자들은 육적인 훈련이 아니라 전적으로 영적인 훈련이었습니다. 그 결과 그들은 탁월한 영적 지도자가 되었습니다. 이로 보건데, 훈련받는 사람들의 숫자는 너무나 중요합니다. 영적 지도자가 되려면 소그룹에서 훈련을 받아야 합니다. 다윗의 훈련과 아브라함의 훈련도 중요하지만, 영적 지도자가 되는 훈련을 받는 것이 가장 중요합니다.

아브라함과 다윗과 예수 그리스도의 훈련을 깊이 성찰하면 훈련의 강도(强度)가 각각 달랐습니다. 아브라함의 훈련은 그래도 손쉬운 훈련이었습니다. 그런 이유 때문에 그로부터 훈련받은 사람들은 딱 한 번 사용되었습니다. 그러나 다윗의 훈련은 보다 강도가 높은 훈련이었습니다. 어떤 때는 생명의 위협까지 받는 훈련이었습니다. 그런 이유 때문에 다윗으로부터 훈련받은 사람들은 반복적으로 사용되었을 뿐 아니라, 큰 영광도 누렸습니다.

예수 그리스도의 훈련은 그 강도가 가장 깊은 훈련이었습니다.

그분으로부터 훈련을 받은 열두 제자들은 모든 것을 버리지 않으면 안 되었습니다. 그들은 부모를 떠났고, 물질을 포기했고, 이 세상의 모든 부귀영화의 꿈도 접지 않으면 안 되었습니다. 그러나 그들만큼 큰 영향을 끼친 사람들은 인류 역사상 없습니다. 그들을 통하여 너무나 많은 사람들이 구원을 받고 인생의 목적을 찾았습니다. 세계 각처에 교회가 생겼습니다. 무엇보다도 그렇게 많은 사람들이 깨끗한 삶을 살면서, 다른 사람들을 도와 주는 희생적인 삶을 살고 있습니다.

과연 우리는 318명에 포함되는 훈련을 받겠습니까? 아니면 37명의 훈련을 선택하겠습니까? 아니면 12명처럼 예수 그리스도의 제자가 되는 훈련을 받겠습니까? 그것은 우리 각자가 선택해야 합니다. 다른 어떤 사람도 우리를 대신해서 선택해 줄 수 없고, 또 훈련을 받을 수도 없습니다. 그리고 우리가 어떤 선택을 해도 하나님은 거기에 걸맞는 보상을 반드시 해주실 것입니다.

생명의 족보

"아브라함과 다윗의 자손 예수 그리스도의 세계라."

I. 서론

마태복음 1장 1절에서 오해되기 쉬운 단어가 하나 있습니다. 그것은 세계라는 단어입니다. 국어대사전에 의하면 세계는 "조상으로부터 대대로 내려오는 계통"(系統)입니다. 그런데 이 단어가 개역개정판에서는 계보(系譜)라고 번역되었습니다. 역시 국어대사전에 의하면, 계보는 "조상 때부터 전승(傳承)되는 혈통과 집안의 간단한 역사를 계통적으로 기록한 책"입니다.

이 단어를 영어나 헬라어로 보면 계보가 더 정확한 번역입니다. 왜냐하면 영어로는 *the book of genealogy*로, 그 의미는 가계의 책 내지 혈통의 책이고, 헬라어로는 *비브로스 게네소스(Βίβλος γενέσεως)*인데, 역시 직역하면 가계의 책 내지 혈통의 책이기 때문입니다. 이 가계의 책 내지 혈통의 책을 다시 한문으로 쓰면 계보가 됩니다. 왜냐하면 보(譜)는 문서나 책을 의미하기 때문입니다.

그러므로 마태복음 1장 1절은 다음과 같이 번역될 수 있습니다: "아브라함과 다윗의 자손 예수 그리스도의 계보라." 계보를 더 풀어서 쓰면 이렇게도 번역될 수 있습니다, "아브라함과 다윗의 자손 예수 그리스도의 혈통을 적은 *책*이라." 물론 계보 대신에 족보라는 단어를 사용해도 그 의미는 변하지 않습니다. "아브라함과 다윗의 자손 예수 그리스도의 족보라."

II. 본론

1. 두 가지 족보

성경 전체에서 이와 같이 족보, 다시 말해서, 혈통의 *책*이라고 구체적으로 언급되면서 계보가 나오는 곳은 두 군데 뿐입니다. 성경에는 계보가 많이 나오지만, 이 두 곳처럼 *책*(the book)이라는 단어가 사용된 계보는 없습니다. 한 곳은 마태복음 1장 1절입니다. 또 한 곳은 창세기 5장 1절입니다, "아담 자손의 계보가 이러

하나라." 개역개정판은 이 말씀을 이렇게 번역했습니다, "이것은 아담의 계보를 적은 *책*이니라." 영어도 마찬가지입니다, *This is the book of the genealogy of Adam.*

그런데 두 계보를 자세히 살펴보면 흥미로운 사실을 몇 가지 찾을 수 있습니다. 첫째, 창세기 5장 1절은 아담의 계보를 언급하고, 마태복음 1장 1절은 예수 그리스도의 계보를 언급합니다. 이것이 왜 흥미롭습니까? 아담의 계보가 흥미로운 것은 그가 최초의 인간이기 때문입니다. 하나님은 아담을 창조하시고 그를 인류의 조상으로 삼으셨습니다. 하나님은 아담을 당신의 형상으로 창조하신 후 그를 사람이라고 부르셨습니다 (창 5:2).

그런데 흥미로운 사실은 하나님이 아담을 창조하신 방법입니다. 성경은 아담이 이렇게 창조되었다고 말합니다: "여호와 하나님이 흙으로 사람을 지으시고 생기를 그 코에 불어넣으시니, 사람이 생령이 된지라" (창 2:7). 이 말씀에 의하면, 하나님이 아담을 직접 만드시고, 그리고 직접 생기를 불어넣어 주셨습니다. 물론 여기에서 생기는 성령을 뜻합니다. 그러나 그 이후 하나님은 어떤 사람도 아담처럼 직접 만들지 않으셨습니다. 하나님은 어떤 사람도 직접 흙으로 만들지 않으셨습니다. 하나님은 어떤 사람에게도 아담처럼 직접 생기를 불어넣어 주시지도 않았습니다.

그러나 예수 그리스도의 탄생은 다른 모든 사람과 달랐습니다. 아담 이후 하나님이 직접 개입하셔서 이 세상에 태어나게 하신 유일한 분이 있는데, 바로 예수 그리스도입니다. 그러면 하나님이 어떻게 개입하셨습니까? 먼저 하나님은 마리아라는 처녀에게 임하셔서 그녀가 임신할 것이라는 엄청난 선언을 하셨습니다. 그 후 마리아는 하나님이 약속하신 대로 성령으로 예수님을 잉태하였고, 또 출산했습니다.

그렇다면 아담의 탄생과 예수 그리스도의 탄생은 공통점이 있습니다. 둘 다 하나님이 직접 개입하셔서 성령으로 태어나게 하셨다는 사실입니다. 이러한 탄생은 모든 인간의 탄생과는 달랐습니다. 모든 인간은 아버지와 어머니의 결합으로 탄생됩니다. 그러나 첫 인간 아담과 예수 그리스도는 하나님이 직접 개입하셔서 성령으로 말미암아 이 세상에 태어났습니다. 결국 이 두 족보는 하나님이 손수 개입하셔서 탄생하게 하신 특이한 두 인물의 족보입니다.

2. 대조적인 족보

1) 아담의 족보

이 두 족보가 흥미로운 두 번째 사실은 그 족보들의 대조적인 강조입니다. 먼저 아담의 족보를 보겠습니다. 그 강조를 찾아보기 위하여 창세기 5장 3~4절을 보겠습니다: "아담이 일백삼십 세에 자기 모양, 곧 자기 형상과 같은 아들을 낳아 이름을 셋이라 하였고, 아담이 셋을 낳은 후 팔백 년을 지내며 자녀를 낳았으며, 그가 구백삼십 세를 향수하고 죽었더라."

이 말씀에 의하면, 아담은 자녀들을 많이 낳았습니다. 그런 사실을 강조하기 위하여 *낳는다*는 동사가 세 번씩이나 반복적으로 사용됩니다. *낳는다*는 새로운 생명을 뜻합니다. 하나님의 형상대로 지음을 받은 존귀한 인간이 태어났다는 것을 뜻합니다. 그 인간은 하나님의 형상으로 창조되었기에 말할 수 없는 잠재력도 지녔습니다. 그 인간은 성장해서 참으로 위대한 인물이 될 수도 있습니다.

그런 이유 때문에 한 인간이 태어나는 것은 경사(慶事)입니다. 모든 사람이 함께 기뻐하는 일입니다. 그 인간이 죽을 때까지 태어난 날을 기념하며 함께 기뻐합니다. 그러나 그 인간은 그런 의미 있는 생일을 영원히 기념할 수 없습니다. 어느 날 그는 이 세상을 떠나야 합니다. 그런 이유 때문에 성경은 이렇게 말합니다, "그가 구백삼십 세를 향수하고 죽었더라."

창세기 5장에 나오는 아담의 족보는 결국 죽음의 족보입니다. 여기에 기록된 모든 인간은 이 세상에 태어났습니다. 그리고 자녀를 낳는 기쁨도 맛보았습니다. 그러나 그들이 건강했든 아니든, 행복한 삶을 살았든 아니든, 결국에는 모두 죽었습니다. 어떤 사람들은 오래 살다 죽었습니다. 어떤 사람들은 오래 살지 못하고 죽었습니다. 아담도 죽었고, 그의 아들들도 죽었습니다. 아담의 십대손 노아도 죽었습니다 (창 9:29).

창세기 5장에 나오는 아담의 계보는 한 마디로 말해서 죽음의 족보입니다. 물론 아담의 7대손 에녹은 하나님과 동행하며 살다가 죽음을 보지 않았습니다. 그러나 그 족보에 나오는 나머지 모든 사람들은 하나같이 죽었습니다. 물론 이 족보에는 *낳는다*는 동사가 27회나 나옵니다. 이것은 무엇을 뜻합니까? 인간이 아무리

사랑하고, 결혼하고, 자녀를 낳고, 행복한 삶을 사는 것 같지만, 결국은 아무도 죽음을 피할 수 없다는 무서운 진리를 우리에게 보여 줍니다.

2) 예수 그리스도의 족보

이제 마태복음 1장으로 돌아가겠습니다. 이미 말씀드린 대로, 이 장은 예수 그리스도의 족보입니다. 이 족보도 아담의 족보처럼 사람들이 자녀를 낳습니다. 여기에서 *낳는다*는 동사가 자그마치 40회나 나옵니다. 여기에서도 역시 인간이 사랑하고, 결혼하고, 자녀를 낳고, 행복한 삶을 살았습니다. 그런데 아담의 족보와 너무나 다른 사실이 한 가지 있습니다. 그것은 *죽음*이라는 표현이 한 번도 나오지 않는다는 것입니다.

그렇다면 예수 그리스도의 족보에 나오는 42명이나 되는 사람들은 아무도 죽지 않았다는 말입니까? 물론 그들도 모두 다른 사람들처럼 늙었고 그리고 죽었습니다. 그런데 왜 이 족보에 나오는 사람들은 죽었다고 묘사되지 않았습니까? 그 이유는 이렇습니다. 인간적으로 볼 때 그들은 모두 죽었습니다. 그러나 하나님은 그들이 죽었다고 여기시지 않기 때문에 죽음이라는 표현이 나오지 않았습니다.

이것은 너무나 중요한 진리이기 때문에 좀더 설명하지 않을 수 없습니다. 이 세상에 태어난 모든 인간은 반드시 죽습니다. 그러나 죽음으로 생명이 끝나지 않습니다. 성경의 가르침에 의하면, 죽음

후에 부활의 삶이 있습니다. 그런데 그 부활의 삶에는 두 종류가 있습니다. 하나는 심판의 부활이고, 또 하나는 생명의 부활입니다. 다시 말해서, 어떤 사람은 부활한 후 심판을 받게 됩니다. 그러나 어떤 사람은 부활한 후 심판을 받지 않고 영생을 누리게 됩니다.

그렇다면 무엇을 근거로 심판과 생명의 부활로 나뉘게 됩니까? 그것은 인간이 어느 족보에 속해 있느냐에 따라 달라집니다. 이미 살펴본 대로, 아담의 족보에 속한 사람들은 죽을 뿐 아니라, 그 후 심판을 받고 지옥으로 던져집니다. 그러나 예수 그리스도의 족보에 속한 사람들은 죽은 후 영생으로 들어갑니다. 그런 이유 때문에 예수 그리스도의 족보에 속한 사람들은 *죽었다*고 표현되지 않습니다.

그렇다면 도대체 누가 예수 그리스도의 후손으로 태어나서 그 족보에 이름이 기록되기를 원하지 않겠습니까? 그렇습니다! 누구라도 아담의 후손으로 태어나서 이름이 그 족보에 들기를 원하는 사람은 없습니다. 그러나 문제는 아무도 자신의 가문과 족보를 선택할 수 없다는 것입니다. 마치 우리 가운데 아무도 이 세상에 태어날 때 부모와 가정을 우리 마음대로 선택하지 못한 것처럼 말입니다.

3. 불순종의 족보

그러면 우리의 족보를 누가 결정했습니까? 이것을 알아보기 위하여 우리는 하나님이 창조하신 첫 인간의 이야기를 살펴보아야 합니다. 이미 위에서 말씀드린 것처럼, 하나님은 첫 인간인 아담을 창조하셨습니다. 그리고 그에게 아내인 하와를 만들어 주셨습니다. 하나님은 그들을 에덴동산에서 행복하게 살도록 모든 환경을 마련해 주셨습니다. 그리고 아담과 하와는 행복한 나날을 보냈습니다.

하나님은 그들에게 행복을 지속적으로 누릴 수 있는 비결도 주셨습니다. 그 비결이 무엇입니까? 그것은 그들이 하나님을 창조주로 인정하는 것이었습니다. 그리고 그들은 하나님이 창조하신 피조물이라는 사실을 받아들이는 것이었습니다. 이것은 한 마디로 말해서 올바른 관계를 뜻합니다. 아담과 하와는 이제 이중적(二重的)인 관계 속에서 살아가게 되었습니다. 위로는 하나님과의 관계를 유지하며, 아래로는 부부 관계를 유지해야 했습니다.

만일 아담과 하와가 부부 관계를 옳게 유지하지 못하면 그들의 행복은 깨어질 수밖에 없습니다. 예를 들면, 아담이 아내인 하와를 무시하든지, 아니면 하와가 남편인 아담을 속이면 그들의 사랑의 관계에 금이 가고 마침내 행복은 깨어집니다. 마찬가지로, 하나님과의 관계에 금이 가면 그들은 더 이상 하나님이 허락하신 모든 것을 누리며 행복한 삶을 즐길 수 없게 됩니다.

하나님은 아담과 하와가 하나님을 항상 창조주로 인정할 수 있는 방법을 제시하셨는데, 그것은 에덴동산에 있는 "선악을 알게 하는 나무의 실과는 먹지 말라"는 명령이었습니다 (창 2:17). 왜 선악을 알게 하는 실과가 하나님을 창조주로 인정하는 방법이었습니까? 그 이유는 간단합니다. 선악에 대한 최후의 결정권자는 창조주 하나님이시기 때문입니다. 이 명령은 하나님의 주권을 인간이 넘보지 말라는 것이었습니다.

이 명령은 하나님이 인간을 보호하시며, 사랑하시겠다는 표현이었습니다. 이 명령은 하나님의 사랑의 날개 아래서 인간이 행복을 누리라는 부탁이었습니다. 그리고 이 명령은 하나님을 창조주로 인정하라는 말씀이었습니다. 그리할 때 하나님의 피조물인 인간은 하나님의 공급을 만끽하면서 살아가게 된다는 약속이기도 했습니다. 하나님은 당신이 창조하신 아담과 하와를 너무나 사랑하셨기에 "선악을 알게 하는 나무의 실과는 먹지 말라"고 부탁하셨습니다.

그러나 우리 모두가 아는 사실이 있습니다. 그것은 인간의 끝없는 욕심입니다. 아담과 하와는 행복에 겨워 그들이 피조물이라는 신분에서 탈출하고 싶었습니다. 그리고 마침내 기회가 주어졌을 때 그들은 그 선악을 알게 하는 실과를 먹었습니다. 그들은 하나님의 경고, "네가 먹는 날에는 정녕 죽으리라"를 가볍게 여겼든지 아니면 무시했습니다. 그렇지 않다면 그들이 감히 그 실과를 먹었겠습니까?

이미 말씀드린 대로, 하나님이 아담을 창조하실 때 그에게 성령을 넣어 주셨습니다. 그러나 아담과 하와가 그 금단(禁斷)의 실과를 먹은 후 그들 안에 있던 성령이 그들을 떠났습니다. 그들은 영적으로 죽은 자들이 되었습니다. 그 이후 아담과 하와가 낳은 모든 자녀도 그들처럼 하나님의 영이 없이 태어났습니다. 육적으로는 태어났지만, 영적으로는 죽은 자들이었습니다. 우리들도 마찬가지입니다. 우리도 이 세상에 태어날 때 영적으로 죽은 상태에서 태어났습니다.

영적으로 죽은 모습은 무엇입니까? 위로 하나님이 없다고 하면서 삽니다. 아래로 자신의 유익만이 인생의 목적이 됩니다. 다른 사람들도 자신의 유익을 위하여 존재해야 합니다. 한 마디로 말해서, 나 중심의 인생을 살아갑니다. 그리고 내가 원하는 대로 인생이 전개되지 않으면, 괴롭고 외롭습니다. 어떤 때는 자포자기합니다. 어떤 때는 다른 사람을 미워합니다. 어떤 때는 자랑합니다. 한 마디로 말해서, 우리도 아담의 족보에 들어 있는 사람들이라는 것입니다.

4. 순종의 족보

모든 인간은 아담과 하와의 후손입니다. 우리들도 아담과 하와의 후손입니다. 그런 이유 때문에 우리의 이름도 죽음의 족보에 기록되어 있습니다. 이것은 우리가 선택한 것이 아닙니다. 이미 태어날 때 결정된 우리의 숙명입니다. 어떤 사람들은 너무나 억울하다고 합니다. 그들은 아무 죄도 범하지 않았는데, 아담의 족보에 들어간 것이 너무나 억울하다는 말입니다.

그처럼 억울해 하는 사람들을 위하여 하나님은 그들이 선택할 수 있는 족보를 제시하셨습니다. 그것이 바로 예수 그리스도의 족보입니다. 예수 그리스도는 우선 아담의 족보에 기재된 그들의 이름을 빼내기를 원하셨습니다. 그리고 그렇게 빼낸 이름을 새로운 족보에 기재하기를 원하셨습니다. 그렇게 하기 위해서는 무엇보다도 또 다른 족보를 만들지 않으면 안 되었던 것입니다.

그래서 예수 그리스도는 마지막 아담이 되었습니다. 지금까지의 아담의 족보를 마감하기 위하여 그분이 마지막 아담이 되시지 않을 수 없었습니다. 그러면 어떻게 마지막 아담이 되셨습니까? 그 방법은 아담과 그의 모든 후손이 하나님에게 불순종한 사실에 대하여 당신이 책임을 지시는 것이었습니다. 마치 당신이 하나님에게 불순종하신 것처럼, 예수 그리스도는 하나님으로부터 심판을 받으셨습니다. 그것이 바로 저 십자가 위에서의 죽음이었습니다.

예수 그리스도가 십자가 위에서 죽으신 것은 그분의 불순종 때문이 아니었습니다. 그것은 아담과 그의 모든 후손의 불순종을 자신이 불순종하신 것처럼 죽으시고 심판을 받으시는 것이었습니다. 그러나 그것으로 끝났다면 새로운 족보는 만들어지지 않았을 것입니다. 예수 그리스도는 죽은 지 삼일 만에 다시 살아나셨습니다. 왜 그분의 부활이 새로운 족보의 시작입니까? 그 이유는 간단합니다! 그분이 인류 역사상 최초로 부활하셨기 때문입니다. 그분의 부활은 죽을 수밖에 없는 모든 아담의 후손에게 유일한 소망이 되었기 때문입니다.

성경은 예수 그리스도의 부활이 마지막 아담, 곧 새로운 족보의 시작이라고 이렇게 말합니다, "첫 사람 아담은 산 영이 되었다함과 같이 마지막 아담은 살려 주는 영이 되었느니라" (고전 15:45). 이 말씀의 의미는 무엇입니까? 첫 아담은 흙으로 만들어졌기에 죽을 수밖에 없으나, 마지막 아담인 예수 그리스도는 성령으로 나셨고 또 성령으로 부활하셨기에 아담의 후손인 우리도 영적으로 살게 하실 수 있다는 것입니다. 다시 말해서, 우리도 부활하여 영생을 누릴 수 있다는 것입니다.

성경은 첫 아담과 마지막 아담을 비교하면서 이렇게 표현합니다: "한 사람의 순종치 아니함으로 많은 사람이 죄인 된 것같이, 한 사람의 순종하심으로 많은 사람이 의인이 되리라" (롬 5:19). 여기에서 "한 사람의 순종치 아니함으로"는 첫 아담의 불순종을 말합니다. 그 결과 "많은 사람이 죄인 된 것같이"는 모든 사람이 죄인이 되어 아담처럼 죽을 수밖에 없다는 의미입니다. 그들의 이름이 아담의 족보에 기재되었기 때문입니다.

반면에, "한 사람의 순종하심으로"는 마지막 아담 예수 그리스도의 순종을 말합니다. 여기에서 순종이란 십자가에서 모든 아담의 후손을 위하여 죽으셨다는 것을 의미합니다. 그것도 억지로 죽으신 것이 아니라, 자원해서 죽으셨다는 것을 의미합니다. 그 결과 죽은 지 사흘 만에 다시 살아나셨습니다. 그리고 "많은 사람이 의인이 되리라"는 그처럼 부활하신 예수 그리스도를 믿고 받아들인 사람들을 용서하시고 그분의 족보에 기재된다는 것을 의미합니다.

III. 결론

우리 모든 인간은 아담의 후손으로 이 세상에 태어났습니다. 우리의 이름은 태어나면서부터 아담의 족보에 기재되어 있습니다.

이런 사실은 개인적으로 볼 때 너무나 억울합니다. 우리가 죄를 지은 결과도 아닙니다. 우리가 선택한 것도 아닙니다. 우리가 택한 운명은 결코 아닙니다. 그러나 우리는 자포자기하거나 원망할 필요가 없습니다. 하나님은 우리 모두에게 인격적으로 우리의 운명이나 우리의 족보를 *선택*할 수 있는 기회를 주시기 때문입니다.

우리가 알기도 전에 아담이 하나님에게 불순종하여 우리의 운명을 결정한 것처럼, 우리가 알기도 전에 예수 그리스도는 하나님에게 순종하셨습니다. 그분은 우리가 알기도 전에 십자가에서 몸이 찢기시고 피를 쏟으시면서 우리를 위하여 죽으셨습니다. 그뿐 아닙니다! 그분은 우리가 알기도 전에 죽은 자 가운데서 사흘 만에 다시 살아나셨습니다. 그리고 새로운 족보를 만드셨습니다. 그것은 예수 그리스도의 족보이자 동시에 마지막 아담의 족보입니다.

그 족보는 또한 생명의 족보입니다. 우리의 이름이 이 생명의 족보에 기록되면 우리는 죽지만 죽지 않습니다. 그것이 무슨 뜻입니까? 비록 우리의 육신은 죽을지언정 반드시 부활합니다. 그리고 하나님이 주시는 영원한 생명으로 들어가게 됩니다. 그 곳은 하나님이 계신 곳, 곧 천국입니다. 그러나 아담의 족보에 남아 있기를 원한다면 그것도 우리의 *선택*입니다. 물론, 우리는 예수 그리스도의 족보에 들어갈 수 있습니다. 그것도 우리의 인격적인 선택에 달려 있습니다. 당신은 어떤 족보를 선택하시겠습니까?

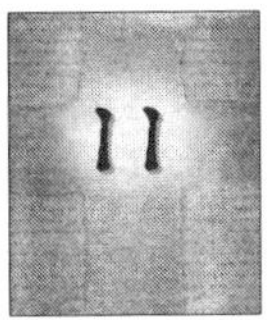

승리와 패배 사이에서

"아브라함과 다윗의 자손 예수 그리스도의 세계라."

I. 서론

예수 그리스도를 구세주와 주님으로 모신 사람들은 그리스도인들입니다. 다시 말해서, 그들은 예수님이 십자가에서 쏟으신 보배로운 피로 죄를 용서받은 사람들입니다. 그들이 예수 그리스도를 믿고 영접할 때 죄의 용서뿐 아니라, 성령님이 그들의 마음속으로 들어가셨습니다. 다른 말로 표현하면, 그들은 거듭난 것입니다. 그뿐 아닙니다! 그들은 하나님의 자녀가 된 것입니다.

그 결과 그들의 삶은 변화되었습니다. 기쁨과 평안도 맛보았습니다. 새로운 취미와 새로운 친구들도 생겼습니다. 이제는 성경도 읽고, 기도도 하게 되었습니다. 그뿐 아니라, 예배도 기다려지게 되었습니다. 이렇게 변화된 그리스도인들에게는 더 이상 어떤 문제도 생기지 않습니까? 그렇지 않습니다! 그리스도인들에게도 얼마든지 문제가 생길 수 있습니다. 주변의 환경 때문에 문제가 생길 수도 있습니다. 예를 들면, 친척들이 그리스도인들을 오해하거나 핍박할 수 있습니다.

그러나 그리스도인들을 엄습해 오는 문제의 가장 큰 원인은 바로 자신입니다. 왜 자신이 문제의 원인입니까? 그 이유는 간단합니다! 그리스도인들의 마음에는 두 가지 성품이 있기 때문입니다. 하나는 하나님의 뜻대로 살고 싶은 성품이고, 또 하나는 내 마음대로 살고 싶은 성품입니다. 이 두 가지 성품은 항상 서로 싸웁니다. 그리고 이런 두 가지의 성품이 있다는 것은 그리스도인들이 진정으로 거듭났다는 증거이기도 합니다.

II. 본론

아브라함과 다윗과 예수 그리스도도 마찬가지였습니다. 이 세 분은 신약성경의 서두에 기록된 가장 훌륭한 신앙인들이었지만, 그들도 역시 우리와 같은 인간이었기에 두 가지 성품을 지니고 있었습니다. 그들에게도 하나님 뜻대로 살고자 하는 간절한 소망이 있었지만, 동시에 그들 마음대로 삶을 영위하고 싶은 강한 욕구를 가졌던 사람들입니다. 그들은 평상시에 하나님의 뜻을 따라 산 믿음의 영웅들인 것도 사실입니다.

그러나 그들에게도 그들 마음대로 살고 싶었던 때가 있었습니다. 실제로 예수 그리스도를 제외한 나머지 두 사람, 곧 아브라함과 다윗은 그런 욕구 때문에 유혹의 쓴 잔을 마신 적이 있었습니다. 그것도 한두 번만 그런 것이 아니었습니다. 그들은 여러 번 유혹에 넘어졌고, 그럴 적마다 깊은 패배를 맛보았습니다. 그러나 그들이 믿음의 영웅이 된 이유 중 하나는 패배 가운데 주저앉지 않고 하나님을 의지하면서 다시 일어났기 때문이었습니다.

1. 아브라함

아브라함은 믿음의 조상입니다. 그는 하나님이 "너의 본토 친척 아비 집을 떠나라"고 하셨을 때 주저 없이 떠날 만큼 대단한 의지력을 가진 사람이었습니다 (창 12:1). 그뿐 아닙니다! 어느 날 하나님이 그에게 하나밖에 없는 아들을 제물로 바치라고 하셨을 때도 결연하게 그 명령에 순종하기로 작정했습니다 (창 22:9~10). 아브라함은 진정으로 큰 믿음과 순종을 소유한 위대한 신앙인이었습니다.

그러나 용기를 잃지 마십시오! 아브라함에게도 숱한 유혹과 실패가 있었습니다. 다시 말해서, 그도 우리와 똑같은 인간이었다는 것입니다. 그러면 아브라함에게는 어떤 유혹과 패배가 있었습니까? 첫째, 그는 친척을 떠나라는 명령을 조금 어기고 조카 롯을 데리고 갔습니다 (창 12:4). 이것은 얼른 보기에는 심각하지 않을 수 있습니다. 그러나 하나님의 말씀을 약간 바꾸는 간교한 처사였습니다. 그는 "내가 너로 큰 민족을 이루겠다"(창 12:2)는 하나님의 말씀을 인간적인 방법, 곧 조카를 통하여 성취하려고 하였던 것입니다.

둘째, 그는 자신의 생명을 구하기 위하여 아내를 동생이라고 소개했습니다. 그것도 두 번씩이나 말입니다. 한 번은 아브라함이 아내와 더불어 기근을 피하기 위하여 애굽으로 내려가게 되었습니다. 그의 간교한 발언을 직접 들어보십시오: "그가 애굽에 가까이 이를 때에 그 아내 사래더러 말하되, '나 알기에 그대는 아리따운 여인이라. 애굽 사람이 그대를 볼 때에 이르기를 이는 그의 아내라 하고 나는 죽이고 그대는 살리리니, 원컨대, 그대는 나의 누라라 하라. 그리하면 내가 그대로 인하여 안전하고, 내 목숨이 그대로 인하여 보존하겠노라' 하니라" (창 12:11~13).

아브라함은 그의 생명을 보존하기 위하여 아내를 희생시킬 각오를 한 얌체 같은 사람이었습니다. 그것도 두 번씩이나 그랬으니 말이나 됩니까? 또 한 번은 그랄이라는 지역에 가서 잠시 살 때였습니다 (창 20:2). 두 번 다 하나님이 개입하지 않으셨다면 아브라함은 아내를 빼앗길 뻔했습니다. 만일 그가 오늘 한국에 살면서 그렇게 했다면, 그는 여지없이 아내로부터 쫓겨났을 것입니다. 어떤 여자가 그런 남자를 남편으로 데리고 살겠습니까?

셋째, 아브라함은 하갈을 첩으로 취했습니다 (창 16:3). 물론 그 당시의 풍습으로 남자는 아내의 동의를 받아 첩을 얻을 수 있었습

니다. 특히 아내가 아들을 출산하지 못할 경우에는 상당히 정당하
게 여겨진 관습이기도 했습니다. 아브라함의 아내 사라도 출산하
지 못하였기에 남편에게 하갈을 추천하였습니다. 혹시 하갈로 말
미암아 아들을 얻을 수도 있다는 바람 때문이었습니다 (창 16:2~3).

그러나 아브라함이 하갈을 첩으로 취한 데는 심각한 문제가 함
축되어 있습니다. 그것은 하나님의 약속을 인간적인 방법으로 이
루려는 저의(底意)입니다. 하나님은 이미 이런 약속을 아브라함에
게 주신 바 있었습니다: "'네 몸에서 날 자가 네 후사가 되리라' 하
시고, 그를 이끌고 밖으로 나가 가라사대, '하늘을 우러러 뭇별을
셀 수 있나 보라.' 또 그에게 이르시되, '네 자손이 이와 같으리라'"
(창 15:4~5).

2. 다윗

다윗은 약할 대로 약해진 이스라엘을 강대한 나라로 만든 위대
한 왕이었습니다. 그는 분열된 이스라엘을 통일시킨 위대한 왕이
었습니다. 다윗은 하나님을 의지하여 맹수들도 죽이고, 골리앗도
죽인 믿음의 사람이었습니다. 그는 하나님의 마음을 깊이 깨닫고
그것을 시로 적은 시편 기자이기도 합니다. 그 이후 너무나 많은
그리스도인들이 시편을 읽고 묵상하면서 위로와 용기를 얻었습
니다. 과연 다윗은 영적으로나 정치적으로나 군사적으로나 위대
한 인물이었습니다.

그러나 우리도 다윗처럼 위대한 믿음의 용사가 될 수 있습니

다. 특별히 다윗이 유혹을 받고 실패한 무수한 경우를 보면 우리도 용기백배할 수 있을 것입니다. 그렇다면 다윗에게 어떤 실패가 있었습니까? 첫째, 다윗은 성적 유혹에 넘어갔습니다. 그의 군대는 나라를 위하여 전투 중에 있었습니다. 그 때 남편을 전장으로 보낸 밧세바가 목욕하는 장면을 우연히 보게 된 다윗은 왕권을 이용하여 그녀를 취했습니다 (삼하 11:4).

밧세바의 남편 우리아는 다윗의 총애를 받는 장군이었습니다. 그뿐 아니라, 우리아는 다윗과 나라를 위하여 헌신과 충성을 아끼지 않는 장군이었습니다 (삼하 23:39). 그러나 다윗은 성적 유혹을 이기지 못하고 그녀를 강제로 취했던 것입니다. 그동안 그가 쌓았던 신앙도 한 순간에 무너졌습니다. 그는 위로 하나님을 배반했을 뿐 아니라, 그에게 충성을 바친 부하와의 신의도 배반했습니다.

다윗이 유혹을 이기지 못하고 패배한 두 번째 사건은 살인이었습니다. 그는 밧세바가 임신한 사실을 알고는 그 사건을 은폐하려고 모든 간교한 수단을 다 사용했습니다. 우리아에게 특별 휴가도 주었습니다. 그를 술에 잔뜩 취하게도 했습니다. 모두 다 그의 아내와 동침하게 하기 위함이었습니다. 그런 모든 방법이 실패로 돌아가자 다윗은 요압 장군에게 밀서(密書)를 보내어 우리아로 하여금 적군에 의하여 살해되게 했습니다 (삼하 11:17).

세 번째의 유혹과 패배는 아들 문제였습니다. 그의 여러 아들 가운데 압살롬은 특별히 귀한 아들이었습니다. 왜냐하면 압살롬은 너무나 외모가 출중했기 때문이었습니다. 그에 대한 묘사를 들어봅시다: "온 이스라엘 가운데 압살롬 같이 아름다움으로 크게

칭찬받는 자가 없었으니, 저는 발바닥부터 정수리까지 흠이 없음
이라"(삼하 14:25). 이런 이유 때문에 다윗은 압살롬을 편애하게
되었던 것입니다.

압살롬은 그의 누이를 건드린 형 암논을 복수심에 불타서 죽였
습니다 (삼하 13:28~29). 그러나 다윗은 그런 아들을 너그럽게 용
서하였을 뿐 아니라 받아들였습니다. 그 후 압살롬은 그의 아비
다윗을 모반하여 반란을 일으켰고, 또 다윗의 후궁도 취했으나,
여전히 다윗은 그를 편애하여 죽이기를 싫어했습니다. 다윗은 아
들의 반란군을 피해 예루살렘을 떠나기까지 했습니다. 한 마디로
말해서, 다윗은 편애 때문에 아들을 신앙적으로나 인격적으로 키
우지 못하는 잘못을 범했습니다.

3. 예수 그리스도

예수 그리스도는 인류 역사상 가장 위대한 분이셨습니다. 그분
은 동성녀에게서 태어나셨습니다. 그분은 정규적인 교육은 받지
못하셨으나 인류 역사상 가장 위대한 가르침인 산상수훈을 가르
치셨습니다. 그분은 많은 기적도 행하셨습니다. 장님의 눈도 뜨게
하시고, 문둥병자를 고치시고, 귀신들린 자들로부터 귀신들을 쫓
아내셨습니다. 그뿐 아니라, 그분은 죽은 자들도 살려내셨습니다.
그리고 마침내 그분은 십자가에서 인류를 위하여 죽으셨다가 다
시 사신 구세주셨습니다.

그럼에도 불구하고 예수 그리스도는 우리와 같은 완전한 인간

이셨습니다. 그분에게도 숱한 유혹이 있었습니다. 그분은 40일을 금식하신 후 음식에 대한 유혹도 받으셨습니다. 그분은 절을 한 번만 하면 온 세상의 권세와 영광을 얻을 수 있는 유혹도 받으셨습니다. 그분은 성전 꼭대기에서 뛰어내림으로 예배하러 모인 많은 사람들로부터 종교적인 지도자로 인정받을 수 있는 유혹도 받으셨습니다 (눅 4:1~13, 마 4:1~11 참조).

예수 그리스도가 받으신 가장 큰 유혹은 역시 십자가의 죽음을 앞둔 겟세마네 동산에서의 싸움이었을 것입니다. 그분은 기도를 통하여 죽음과 삶의 기로라는 처절한 싸움을 하고 있었습니다. 그분은 이렇게 기도하셨습니다, "내 아버지여, 만일 할 만하시거든 이 잔을 내게서 지나가게 하옵소서" (마 26:39). 그러나 예수 그리스도가 이 세상에 오신 것은 하나님의 뜻을 행하시기 위해서였습니다.

히브리서는 이처럼 하나님의 뜻만을 수행하기 위해 오신 예수 그리스도의 결단을 이렇게 묘사했습니다: "이에 내가 말하기를, '하나님이여, 보시옵소서. 두루마리 책에 나를 가리켜 기록한 것과 같이 하나님의 뜻을 행하러 왔나이다' 하시느니라" (히 10:7). 그런 이유 때문에 그분은 겟세마네에서 그 처절한 싸움을 무릎으로 하시면서 이렇게 결론을 내리셨습니다, "그러나 나의 원대로 마시옵고 아버지의 원대로 하옵소서" (마 26:39).

예수 그리스도는 완전한 인간이시지만 동시에 완전한 하나님이셨습니다. 완전한 인간이시기 때문에 우리가 받는 모든 유혹을 그분도 다 받으셨습니다. 그러나 그분은 완전한 하나님이시기 때문에 모든 유혹을 극복하셨습니다. 그렇지 않다면 어떻게 그분이 유혹에 넘어가는 우리 인간을 구원하실 수 있었겠습니까? 바로 이것이 예수 그리스도가 아브라함과 다윗과 다른 점이었습니다.

히브리서 저자는 이런 예수 그리스도를 이렇게 묘사합니다: "우리에게 있는 대제사장은 우리 연약함을 체휼하지 아니하는 자가 아니요, 모든 일에 우리와 한결같이 시험을 받은 자로되 죄는 없으시니라" (히 4:15). 그분도 온갖 유혹을 받으셨기에 우리가 당하는 모든 유혹에 노출되고 또 넘어갈 때 동정하십니다. 다시 말해서, 우리를 이해하시고 또 도와 주실 준비가 되어 있습니다.

III. 결론

아브라함과 다윗과 예수 그리스도가 당한 유혹은 우리에게 어떤 교훈을 줍니까? 다음과 같은 세 가지 교훈을 얻을 수 있습니다. **첫 번째** 교훈은 아브라함과 다윗처럼, 우리도 언제 어디서나 시험을 받을 수 있다는 사실입니다. 이미 서론에서 말씀드린 것처럼, 우리가 진정으로 거듭났다면 우리에게는 두 가지 성품이 있습니다. 하나님의 뜻을 따르고자 하는 성품과 나의 뜻을 선택하고자 하는 성품입니다.

바울 사도도 그가 경험한 이런 두 가지 성품을 이렇게 생생하게 묘사한 적이 있습니다: "육체의 소욕은 성령을 거스르고 성령의 소욕은 육체를 거스르나니, 이 둘이 서로 대적함으로 너희의 원하는 것을 하지 못하게 하려 함이니라" (갈 5:17). 이 말씀에 의하면, 우리가 시시때때로 겪는 시험과 유혹은 궁극적으로는 자신과의 싸움입니다. 겉으로 보기에는 시험이 환경 때문인 것처럼 보일 때도 있습니다. 시험이 다른 사람 때문인 것처럼 보일 때도 있습니다. 그러나 시험은 자신과의 싸움입니다.

아브라함을 보십시오! 그가 조카 롯을 데리고 나온 것은 자신의 욕심 때문이었습니다. 그가 아내를 두 번씩이나 빼앗긴 것은 환경 때문이 아니었습니다. 그 자신이 아내를 누이라고 했기 때문입니다. 그의 아내가 하갈을 주어서 첩을 얻었습니까? 천만에요! 그가 원했기 때문입니다. 그는 인간적인 방법을 사용해서라도 자신의 욕구를 성취하고 싶은 강한 열망을 가졌기 때문입니다.

다윗을 보십시오! 밧세바를 취하고 그녀의 남편 우리아를 죽인 것은 모두 자신의 욕구를 채우고자 한 열망 때문이었습니다. 그가 압살롬을 지나치도록 너그럽게 대한 것은 물론 아버지의 정 때문이었지만, 한 발 더 나아가서 하나님의 법보다 자신의 법을 더 중요시했기 때문입니다. 그 결과는 무엇이었습니까? 아들 때문에 다윗은 자신의 목숨을 위해 피난살이까지 한 것은 물론 나라까지 불행한 전쟁에 휩싸이게 만들었습니다.

그러므로 우리도 시험을 받을 때 적극적으로는 우리가 거듭난 사실을 확인한 셈이 됩니다. 그러나 소극적으로는 우리에게 여전히 강한 자아가 남아 있다는 사실을 인정해야 합니다. 시험의 원인을 밖에서 찾지 말고 안에서 찾아야 합니다. 다시 말해서, 아직도 처리되지 못한 육체의 소욕에서 찾아야 합니다. 시험과 유혹을 당할 적마다 우리는 다른 사람이나 환경을 탓하지 말고 *자신을*

탓해야 합니다. 그 때 비로소 문제의 해결이 있습니다.

두 번째 교훈은 시험을 통하여 믿음의 영웅으로 변화되어간다는 사실입니다. 아브라함과 다윗은 처음에 하나님의 놀라운 부르심을 받았을 때 믿음의 영웅이 된 것은 아니었습니다. 그들은 많은 시험을 거쳐 믿음의 사람들로 승화(昇華)되었습니다. 그런 의미에서 우리 그리스도인들에게 시험과 유혹은 필요악입니다. 다시 말해서, 시험은 나쁜 것입니다. 그러나 시험을 통해서 우리의 믿음은 성장합니다.

아브라함을 보십시오! 그는 세 번씩이나 큰 유혹에 넘어가서 패배를 맛보았습니다. 그러나 그런 유혹과 패배 때문에 아브라함은 자신의 뜻을 하나님의 뜻에 완전히 굴복하는 자리에 들어가게 됩니다. 그의 믿음이 꽃피던 마지막 단계를 보십시오. 하나님이 그의 독생자인 이삭을 번제로 바치라고 하셨을 때, 그는 한 마디도 불평하거나 논쟁하지 않았습니다. 그는 묵묵히 하나님의 뜻을 받아들였습니다. 그 결과 그는 믿음의 조상이 되었습니다.

다윗을 보십시오! 그도 세 번씩이나 큰 유혹에 넘어가서 너무나 심각한 패배를 맛보았습니다. 그 패배를 통해 다윗이 배운 것은 무엇입니까? 그것은 철저한 회개였습니다. 그는 왕으로서 문제를 끝까지 감출 수도 있었습니다. 그러나 그는 하나님 앞에서 그리고 사람들 앞에서 그의 문제를 진솔하게 회개하였습니다. 철저한 회개는 자신이 낮아졌다는 것을 의미합니다. 다윗은 인간적으로 가장 높은 자리에 오른 왕이었으나, 회개할 때는 가장 낮은 죄인의 자리로 내려가서 철저하게 회개하였습니다.

우리도 마찬가지입니다! 우리는 시시때때로 원치 않는 시험에 빠져버립니다. 그 때 우리는 절대로 자신을 정당화하지 맙시다. 진솔하게 하나님 앞에서와 사람들 앞에서 낮아져야 합니다. 그리고 *회개해야* 합니다. 철저하게 회개해야 합니다. 물론 회개는 아픔을 동반합니다. 그러나 그런 회개의 과정이 없이 우리는 믿음의 영웅으로 변화될 수 없습니다. 위대한 그리스도인들은 모두 회개를 철저하게 한 사람들이었습니다.

세 번째 교훈은 기도의 중요성입니다. 예수 그리스도는 신인(神人)이심에도 불구하고 시험을 받으실 때 기도하셨습니다. 겟세마네 동산의 기도가 없었다면 그분은 십자가의 대속적 죽음을 감당하실 수 없었을 것입니다. 그 처절한 기도! 눈물이 핏방울처럼 되는 기도! 밤을 지새우며 부르짖는 기도! 이런 기도 때문에 예수 그리스도는 마지막 시험을 극복하셨습니다.

우리도 마찬가지입니다! 시험과 유혹이 우리 주변을 늘 배회하고 있습니다. 우리의 대적 "마귀가 우는 사자 같이 두루 다니며 삼킬 자를 찾습니다" (벧전 5:8). *기도를 통하여* 우리는 늘 십자가 앞으로 나아와야 합니다. 기도를 통하여 우리는 우리 자신을 십자가에 못 박아야 합니다. 그리할 때만이 우리는 시험을 극복할 수 있습니다. 그리할 때만이 우리는 부활의 승리를 맛볼 수 있습니다.

우리가 이처럼 기도할 때, 성부 하나님이 우리의 기도를 들으십니다. 우리가 이처럼 기도할 때, 성자 하나님, 곧 예수 그리스도가 우리의 시험을 대신 감당해 주십니다. 우리가 이처럼 기도할

때, 성령 하나님이 찾아오셔서 우리에게 힘을 주십니다. 우리에게
능력을 주십니다. 우리로 하여금 시험을 이기게 하십니다. 성부,
성자, 성령이 친히 우리를 위하여 역사하시면서 승리의 삶을 누릴
수 있게 하십니다.

12

하나님의 사람들

"아브라함과 다윗의 자손 예수 그리스도의 세계라."

I. 시론

하나님은 예전이나 지금이나 사람들을 찾고 계십니다. 왜 사람들을 찾고 계십니까? 그 이유는 간단합니다! 하나님은 사람들을 통하여 하나님의 나라를 일구기를 원하시기 때문입니다. 그런 목적으로 하나님은 사람들을 당신의 형상을 따라 창조하셨습니다. 그리고 그들에게 이렇게 말씀하셨습니다: "....생육하고 번성하여 땅에 충만하라, 땅을 정복하라...모든 생물을 다스리라" (창 1:28).

이 말씀은 한 마디로 이 땅에 하나님의 나라를 건설하라는 부탁이었습니다. 그런 부탁을 받은 아담과 하와는 하나님의 나라를 일구었습니까? 물론 못했습니다! 오히려 그들은 아집과 교만에 빠져서 하나님을 떠났습니다. 아담과 하와가 불순종하고 죄를 범한 이후, 모든 사람들은 하나님을 떠나 멋대로 살기 시작했습니다. 그럼에도 불구하고 하나님은 당신의 나라 세우기를 결코 포기하시지 않습니다.

그렇다면 하나님은 어떻게 하나님의 나라를 건설하시겠다는 것입니까? 사람들을 통해서입니다. 어떤 사람들을 통해서 하나님은 당신의 나라를 세우십니까? 공부를 많이 한 사람들을 통해서입니까? 돈을 많이 가진 사람들을 통해서입니까? 여러 가지 재능을 가진 사람들을 통해서입니까? 유대인들처럼 종교적인 사람들을 통해서입니까? 물론 아닙니다! 하나님은 그런 사람들을 사용하실 수도 있습니다. 그러나 무엇보다도 하나님은 당신의 마음에 드는 사람들을 찾으십니다.

II. 본론

성경에 의하면, 하나님의 마음에 쏙 드는 사람들도 없잖아 있었습니다. 그 가운데는 본문에 나오는 아브라함과 다윗과 예수 그리스도도 있습니다. 그런데 이 세 분이 처음부터 하나님의 마음에 드는 사람들은 아니었습니다. 그들도 우리와 같은 인간이었습니다. 그들에게도 넘어야 할 많은 산들과 건너야 할 많은 강들이 있었습니다. 하나님이 그들을 처음에 부르셨을 때는 그들도 많은 점에서 다듬어지지 않은 참으로 조악(粗惡)한 점을 많이 가지고 있었습니다.

하나님은 결코 완전한 사람들을 부르시지 않습니다. 아니, 이 세상에서 완전한 사람은 없습니다! 그러나 하나님의 위대하심은 우리와 같이 모나고 부족한 사람들을 부르신다는 사실입니다. 부르실 뿐 아니라, 다듬으십니다. 그리고 다듬어진 사람들을 그분의 장중에 붙잡으시고 다시 하나님을 알지 못한 사람들에게로 보내십니다. 그렇다면 아브라함과 다윗과 예수 그리스도는 어떻게 다듬어졌습니까?

1. 아브라함

먼저, 아브라함을 보겠습니다. 아브라함이 하나님의 부르심을 받았을 때는 참으로 부족한 점이 많았습니다. 그는 "큰 민족을 이루게 하시겠다"는 하나님의 약속을 자신의 능력으로 이루려고 끊임없이 머리를 굴렸습니다 (창 12:2). 머리를 굴리면서 많은 계획을 세웠습니다. 어떤 때는 그런 계획이 이루어지는 것 같기도 했습니다. 그러나 결말에 가서는 그의 모든 계획과 방법은 헛수고로 판명되었습니다.

아브라함이 하나님의 손에 의하여 다듬어져 가는 과정을 한 마디로 말한다면, 그것은 *헤어짐*이라고 할 수 있습니다. 그것도 정상적인 *헤어짐*이 아니라, 특별히 정을 쏟은 사람들과의 *헤어짐*입니다. 그런 이유 때문에 아브라함이 경험한 *헤어짐*은 그에게 그만큼 아픔이었습니다. 그리고 그 아픔은 그로 하여금 하나님의 장중에 사로잡히는 하나님의 사람이 되게 하였습니다.

첫 번째 헤어짐은 롯이었습니다. 롯은 아브라함에게는 특별한 조카였습니다. 일찍 죽은 동생의 아들이었습니다. 마침 아들이 없던 아브라함은 롯에게 각별한 정을 주었습니다. 그렇지 않았다면 하나님의 명령을 어기면서까지 롯을 데리고 갈 이유가 없었습니다. 아브라함의 목자와 롯의 목자 사이에 있었던 다툼 때문에 그들은 헤어질 수밖에 없었습니다.

롯과 헤어진 아브라함은 말할 수 없는 허무감과 좌절감에 빠졌습니다. 아브라함은 그 때 진정으로 하나님 앞에 나올 수 있었습니다. 그는 하나님 앞에 아픈 마음을 호소했을 것입니다. 성경은 이렇게 말합니다, "롯이 아브람을 떠난 후에 여호와께서 아브람에게 이르시되..." (창 13:14). 이 말씀은 분명합니다! 아브라함이 롯을 떠나보낸 후에야 비로소 하나님의 말씀을 들을 준비가 되었다는 것입니다.

아브라함이 경험한 두 번째 헤어짐은 아내였습니다. 아브라함에게는 특별한 미모를 갖춘 아내가 있었습니다. 아브라함과 그의 아내 사라는 부부이자 동시에 같은 목적지를 향해 함께 가는 순례자였습니다 (히 11:16). 그들은 자녀도 없이 외국을 다니면서 서로를 깊이 의지했습니다. 그러나 아브라함이 다시 머리를 굴려 자기의 생명을 유지하려고 했을 때 아내를 이방인 왕들에게 빼앗겼습니다 (창 12:15, 20:2). 물론 하나님의 개입으로 아내를 다시 찾긴

찾았으나, 아내를 빼앗겼을 때 아브라함의 참담한 심정은 아무도 이해하지 못할 것입니다. 그러면서 아브라함은 하나님의 사람으로 다듬어져갔습니다.

세 번째 헤어짐은 아브라함이 13년 동안이나 애지중지(愛之重之)하던 이스마엘과의 헤어짐입니다. 이스마엘은 비록 첩의 소생이나 그래도 아브라함의 친아들이었습니다. 아브라함은 그 긴 세월 동안 하나님을 까맣게 잊고 그의 늦둥이 이스마엘에게 푹 빠져 있었습니다. 그동안 하나님은 아브라함을 찾을 수도, 그리고 사용할 수도 없었습니다. 마침내 이스마엘과 헤어질 수밖에 없게 되자 아브라함은 "매우 근심했습니다" (창 21:11). 그만큼 마음이 아팠다는 말입니다. 그럼에도 불구하고 아브라함은 이스마엘과 헤어질 수밖에 없었습니다. 그렇지 않으면 그는 결코 하나님의 사람이 될 수 없었을 것입니다.

2. 다윗

그렇다면 하나님의 사람이 되어가는 다윗의 인생 과정을 무엇이라고 묘사할 수 있습니까? 그것은 *잃음*이라고 할 수 있습니다. *헤어짐*과 *잃음*은 얼른 보면 비슷한 뜻을 지닌 단어들입니다. 그러나 이 두 단어에는 큰 차이가 있습니다. 왜냐하면 여기에서 *잃음*은 사별(死別), 곧 죽음을 통한 이별을 의미하기 때문입니다. 어떤 의미에서 다윗은 아브라함보다 더 혹독한 과정을 겪어서 하나님의 사람이 되었습니다.

다윗이 경험한 첫 번째의 잃음은 요나단이었습니다. 요나단을 잃자 다윗은 그들이 나눈 사랑은 남녀의 사랑보다 뛰어나다고 노래했습니다 (삼하 1:26). 이것은 두 사람의 가까운 관계를 단적으로 말해 주기도 합니다. 그들의 사랑은 특히 다윗이 요나단의 아비 사울로부터 죽음의 위협을 받을 때 나타났습니다. 그 때 요나단은 다윗을 사랑한 나머지 아비의 흉계로부터 다윗을 구출해 주었습니다.

물론 요나단이 다윗을 구출해 준 동기는 친구 간의 사랑 때문이었습니다. 성경은 요나단의 사랑을 이렇게 표현합니다: "요나단이 다윗을 사랑하므로 그로 다시 맹세케 하였으니, 이는 자기 생명을 사랑함 같이 그를 사랑함이었더라" (삼상 20:17). 이처럼 자기를 사랑해 준 요나단을 잃었을 때 다윗의 슬픔은 너무나 컸습니다. 그러나 그런 잃음을 통하여 다윗은 하나님의 사람이 되어갔던 것입니다.

다윗이 경험한 두 번째의 잃음은 갓난아기였습니다. 다윗과 밧세바 사이에서 아기가 태어났습니다. 그 갓난아기가 중병에 걸리자 다윗은 일주일씩이나 금식하면서 하나님에게 기도했습니다. 그는 비록 왕이었지만 생명의 주인이신 하나님 앞에 나아와 땅에 엎드려 기도했습니다. 그러나 그 죄 없는 갓난아기는 죽고 말았습니다 (삼하 12:15~18). 다윗은 이런 경험을 통하여 진정으로 하나님만을 사랑하는 것이 무엇인지를 깨닫게 되었습니다.

다윗이 경험한 세 번째의 잃음은 압살롬이었습니다. 압살롬의 죽음은 밧세바 사이에서 낳은 갓난아기의 죽음과는 의미가 또 달랐습니다. 그 아기에게는 기른 정이 전혀 없었으나, 압살롬의 경우에는 기른 정도 있었습니다. 그뿐 아니라, 압살롬은 다윗이 편애하는 아들이었습니다. 다윗이 얼마나 그를 편애했는지, 그가 형중에 하나인 암논을 죽였는데도 압살롬을 꾸짖지 않았습니다. 오히려 도망간 압살롬을 그리워했습니다.

성경은 다윗의 편애를 이렇게 묘사합니다, "다윗 왕의 마음이 압살롬에게 향하여 간절하니..." (삼하 13:39). 그뿐 아니었습니다! 압살롬이 다윗을 모반하여 싸움을 일으킨 적이 있습니다. 그 싸움에서 압살롬이 죽임을 당하자 다윗은 심히 울면서, "내가 너를 대신하여 죽었더면" 했습니다 (삼하 18:33). 그러나 다윗은 이처럼 사랑하던 아들을 잃음으로 그 결과 하나님의 사람이 되어갔던 것입니다.

3. 예수 그리스도

마시막으로 예수 그리스도를 살펴보겠습니다. 예수 그리스도는 다른 두 사람인 아브라함과 다윗과는 다릅니다. 물론 예수 그리스도는 신인(神人)이시고, 아브라함과 다윗은 인간이기에 다릅니다. 그러나 또 다른 점이 있습니다. 아브라함은 귀한 사람들과 헤어짐으로 하나님의 사람이 되어갔습니다. 다윗은 소중한 사람들을 잃음으로 하나님만을 의지하는 하나님의 사람이 되었습니다. 예수 그리스도는 그 자신을 *포기*하심으로 하나님의 아들로 인정되셨다는 점에서 다릅니다.

그러면 예수 그리스도는 무엇을 포기하셨습니까? 첫 번째의 포기는 하나님 나라의 영광을 포기하셨습니다. 그분은 영원 전부터 성부 하나님과 성령 하나님과 영원한 영광을 누리셨습니다. 그러나 예수 그리스도는 자진해서 그 영광을 포기하셨습니다. 그 영광에 대하여 그분은 이렇게 기도하신 적이 있습니다: "아버지여, 창세 전에 내가 아버지와 함께 가졌던 영화로써 지금도 아버지와 함께 나를 영화롭게 하옵소서" (요 17:5).

예수 그리스도가 두 번째로 포기하신 것은 하나님의 아들이라는 엄청난 신분이었습니다. 그분은 인류의 죄와 심판을 짊어지고 십자가 위에서 고난을 당하고 있었습니다. 그 때 하나님도 당신의 아들인 예수 그리스도를 버리셨습니다. 그 이유는 물론 그에게 전가된 인류의 모든 죄 때문이었습니다. 예수 그리스도가 하나님의 아들이라는 신분을 포기한 두 가지 증표가 있었습니다. 하나는 "온 땅에 어두움"이 덮힌 사실입니다 (막 15:33).

또 하나는 예수 그리스도의 절규(絕叫)입니다. 그분은 이렇게 울부짖으셨습니다: "제 구시에 예수께서 크게 소리 지르시되, '엘리, 엘리, 라마 사박다니' 하시니, 이를 번역하면 '나의 하나님, 나의 하나님, 어찌하여 나를 버리셨나이까' 하는 뜻이라" (막 15:34). 예수 그리스도 편에서 이와 같은 포기가 없었다면 그분이 어떻게 죄인들을 용서하시는 구세주가 되실 수 있었겠습니까?

예수 그리스도가 세 번째로 포기하신 것은 자신의 목숨이었습니다. 물론 그분의 생명을 끊은 것은 십자가의 처형이었으나, 실제로는 예수님 스스로 목숨을 포기하신 것입니다. 그 증거는 두 가지인데, 하나는 두 강도들보다 먼저 죽은 사실 때문입니다 (요 19:33). 예수 그리스도는 인류의 죄 값을 다 치루셨기에 더 이상 십자가의 고난을 당할 필요가 없었습니다.

또 다른 증거는 예수 그리스도가 십자가의 처참한 죽음을 미리 말씀하셨기 때문입니다. 그분은 이렇게 설명하셨습니다, "나는 양을 위하여 목숨을 버리노라" (요 10:15). 그렇습니다! 예수 그리스도는 우리의 죄를 위하여 스스로 목숨을 포기하셨습니다. 그분은 우리가 맛볼 죽음과 심판을 대신 맛보기 위하여 그 자신의 목숨을 포기하셨습니다 (히 2:9).

III. 결론

본문에 나오는 아브라함과 다윗과 예수 그리스도는 처음부터 하나님의 사람들이 되지 못했습니다. 그들은 점차적으로 하나님의 사람들로 변화되었습니다. 그들이 하나님의 부르심에 적극적으로 응답했을 때 낮은 기대를 가지고 있었습니다. 그러나 하나님은 그들의 기대를 채워 주시지 않았습니다. 물질적이고 가시적인 축복 대신에 하나님은 그들을 당신의 사람들로 만들어 가셨습니다. 왜냐하면 하나님의 관심의 대상은 물질이나 명예가 아니라 사람들이기 때문입니다.

이처럼 과정을 통하여 하나님의 사람들이 된 이 세 분은 우리에게 귀한 가르침을 줍니다. **첫 번째** 가르침은 하나님의 사람들이 되기 위하여 아브라함처럼 *헤어짐*을 경험할 수도 있습니다. 아브라함이 육신적으로 애착을 가진 사람들—롯, 아내, 이스마엘—
과 헤어짐으로 하나님의 사람이 된 것처럼, 우리도 애착을 가지고
있는 것과 헤어지지 않으면 하나님의 사람들이 되지 못할 수 있습
니다.

그러면 무엇과 헤어져야 합니까? 그것은 사람일 수도 있습니
다. 우리는 정든 사람들과 헤어질 수밖에 없었던 경험은 없습니
까? 혹은 기대했던 사람들로부터 배신을 당해 어쩔 수 없이 헤어
진 적은 없습니까? 우리는 시간과 정력을 투자해서 훈련시킨 사람
들과 헤어지지 않으면 안 되는 경우는 없었습니까? 우리는 자녀들
이나 부모들로부터 헤어질 수밖에 없었던 경험은 없습니까?

우리가 하나님의 사람들이 되기 위하여 헤어져야 하는 것은 사
람만이 아닙니다. 어떤 때는 건강일 수도 있습니다. 연약해진 몸
을 가지고 하나님 앞에 울부짖을 때 우리는 하나님의 사람들이
되어갈 수 있습니다. 물질과의 헤어짐도 큰 아픔일 수 있습니다.
그러나 경제적으로 어려워져서 하나님 앞에 무릎을 꿇을 때 하나
님은 그 자비의 손으로 우리를 만지십니다. 그런 모든 헤어짐을
통하여 우리는 하나님의 뜻에 굴복하는 사람들이 되어갈 수 있습
니다. 우리가 이처럼 하나님의 뜻에 굴복할 때, 우리는 서서히 하
나님의 사람들로 변화되어 갑니다.

두 번째 가르침은 하나님의 사람들이 되기 위하여 다윗처럼 *잃
음*을 경험할 수도 있습니다. 다윗은 인간적으로 너무나 사랑하던
사람들—요나단, 갓난아기, 압살롬—을 잃었습니다. 사랑하던 친
구를 잃고, 밧세바가 낳은 아들을 잃고, 그리고 특별히 사랑하던

장성한 아들을 잃고, 다윗이 깨달은 것은 무엇입니까? 그것은 인간적인 사랑으로 채울 수 없는 것을 하나님의 사랑으로 채울 수 있다는 사실이었습니다.

다윗은 잃음을 통하여 얻음을 경험했습니다. 다시 말해서, 인간적으로 사랑하던 사람들을 잃었지만, 그 대신 하나님의 사랑을 얻었습니다. 그 결과 그는 진정한 하나님의 사람이 되었습니다. 우리도 마찬가지입니다. 우리가 원하는 것을 다 사랑하면서 하나님의 사람들이 될 수 없습니다. 바울 사도가 말한 대로 입니다, "죽는 것도 유익함이니라" (빌 1:21). 이것은 영어로 하면 이렇습니다, "to die is gain." 다시 말해서, "잃는 것은 얻는 것"입니다.

세 번째 가르침은 하나님의 사람들이 되기 위하여 예수 그리스도처럼 *포기*를 경험할 수도 있습니다. 그분은 하늘나라의 모든 영광을 포기하셨기에 그 영광 가운데서 삶과 사역을 감당하셨습니다. 죽은 나사로를 살린 것은 하나님의 영광을 너무나 분명하게 드러낸 역사였습니다. 그분의 기도는 그런 영광으로 가득했습니다: "아버시께서...수신 일을 내가 이루어 아버지를 이 세상에서 영화롭게 하였사오니...아버지와 함께 가졌던 영화로써...나를 영화롭게 하옵소서" (요 17:4~5).

예수 그리스도는 하나님의 아들이라는 신분과 생명을 포기하셨습니다. 그 결과 그분은 "부활하여 능력으로 하나님의 아들로 인정되셨으니" (롬 1:4), 이뿐 아니라 인류의 구세주가 되셨습니다. 마찬가지로, 우리도 하나님의 사람들이 되기 위하여 포기해야 할 것이 있습니다. 그것은 물질일 수도 있습니다. 그것은 명예일 수도 있습니다. 그러나 궁극적으로 포기해야 될 것은 *자신*입니다. 자신만큼 포기하기 어려운 것은 없습니다. 그렇지만 그처럼 어려운 자신을 포기하지 않는다면 우리는 하나님의 사람들로 변화될 수 없습니다.

13

멜기세덱

"아브라함과 다윗의 자손 예수 그리스도의 세계라."

I. 서론

　성경에 나오는 인물들 가운데는 이해하기 어려운 사람들이 종종 있습니다. 그 중 한 사람이 바로 멜기세덱입니다. 그 사람의 이야기는 성경 전체에서 세 번밖에 나오지 않습니다. 창세기와 시편 그리고 히브리서에서 각각 언급된 인물입니다. 그런데 신기하게도 세 번 다 마태복음 1장 1절에 나오는 세 분, 곧 아브라함, 다윗 및 예수 그리스도와 연관을 갖고 있습니다.

II. 본론

그렇다면 멜기세덱은 누구이며 무엇을 했습니까? 그가 언급된 세 곳, 곧 창세기와 시편과 히브리서를 보면 멜기세덱은 제사장이었습니다. 그렇다면 제사장은 무엇을 하는 직책이었습니까? 우리가 알듯이, 제사장은 하나님과 인간 사이의 중보자 내지 중개자입니다. 제사장인 멜기세덱은 아브라함을 위하여 중개자의 역할을 했습니다. 다윗은 멜기세덱의 중개자 역할을 노래했습니다. 히브리서 저자는 예수 그리스도의 삶과 사역을 멜기세덱에 비유하면서 설명했습니다.

그러므로 마태복음 1장 1절에 나오는 세 분, 아브라함과 다윗과 예수 그리스도는 멜기세덱과 무관하지 않습니다. 오히려 조금만 주의 깊게 그 본문들을 살펴보면, 그들 모두가 멜기세덱과 직접적이든 간접적이든 긴밀히 연관되어 있는 것을 봅니다. 아브라함과 다윗과 예수 그리스도가 어떻게 멜기세덱과 연관되어 있는지를 살펴보기 위하여, 우리는 그가 언급된 창세기와 시편과 히브리서를 차례로 보도록 하겠습니다.

1. 아브라함

아브라함과 연관된 멜기세덱을 알아보기 위하여 창세기 14장 17~20절을 보겠습니다: "아브람이 그돌라오멜과 그와 함께 한 왕들을 파하고 돌아올 때에 소돔 왕이 사웨 골짜기 곧 왕의 골짜기

로 나와 그를 영접하였고, 살렘 왕 멜기세덱이 떡과 포도주를 가
지고 나왔으니, 그는 지극히 높으신 하나님의 제사장이었더라. 그
가 아브람에게 축복하여 가로되, '천지의 주재시요, 지극히 높으신
하나님이여, 아브람에게 복을 주옵소서. 너희 대적을 네 손에 붙
이신 지극히 높으신 하나님을 찬송할지로다' 하매, 아브람이 그
얻은 것에서 십분 일을 멜기세덱에게 주었더라."

이 이야기의 배경은 우리가 잘 아는 내용입니다. 어느 날 바벨
론의 네 나라 연합군이 아브라함의 조카 롯이 사는 곳을 침공하여
롯과 모든 재물을 약탈했습니다. 그 소식을 들은 아브라함은 평상
시에 집에서 훈련시킨 318명을 데리고 기습하여, 롯은 물론 모든
식구와 재물을 되찾아 돌아오고 있었습니다. 그 때 멜기세덱이 아
브라함을 영접하였습니다. 멜기세덱은 아브라함을 영접하였을
뿐 아니라, 축복도 해주었습니다.

전쟁으로부터 피곤에 지쳐서 돌아오는 아브라함을 맞이한 멜
기세덱은 누구입니까? 먼저, 그는 살렘 왕이라고 소개됩니다. 그
런네 살렘 왕은 평강의 왕이란 뜻입니다 (히 7:2). 멜기세덱의 행
동으로부터 그가 평강의 왕이라고 불리기에 합당한 인물이라는
사실을 엿볼 수 있습니다. 왜냐하면 그는 싸움에서 육신적으로나
정신적으로 지칠 대로 지친 아브라함에게 떡과 포도주를 제공했
기 때문입니다. 배고프고 목마른 군인들에게 떡과 포도주는 육체
적인 필요 이상의 것을 담고 있습니다.

그 다음, 멜기세덱은 의의 왕입니다. 어떻게 그가 의의 왕이라
고 불릴 수 있습니까? 그 이유는 멜기세덱이라는 이름 때문입니

다. 원래 히브리어에 의하면, 멜기세덱은 두 단어, 곧 *멜기*와 *세덱*의 합성어(合成語)입니다. *멜기*는 왕이란 뜻이고 *세덱*은 의라는 뜻입니다. 결국 멜기세덱은 의의 왕이란 의미를 지닙니다 (히 7:2). 멜기세덱은 아브라함이 그의 조카와 식구들과 재산을 되찾아 온 아브라함의 행위를 옳고 또한 정당하다고 인정했음에 틀림없습니다. 그렇지 않다면 그가 아브라함을 영접하고 또 축복했을 리가 없습니다.

마지막으로, 멜기세덱은 "지극히 높으신 하나님의 제사장"이라고 소개됩니다. 제사장은 하나님의 메시지를 사람들에게 전달하는 직분의 사람입니다. 하나님은 지극히 높으시기에, 제사장만이 그 하나님의 메시지를 받을 수 있었기 때문입니다. 그가 아브라함에게 전한 메시지는 무엇이었습니까? 첫째는 하나님의 복을 빌어 주었습니다. 그 이유는 간단합니다. 아브라함이 하나님의 마음에 합한 의로운 행위를 했기 때문입니다.

둘째 메시지는 아브라함이 전쟁에서 이길 수 있었던 것은 하나님의 도우심 때문이라는 사실이었습니다. 비록 아브라함이 평상시에 가신을 훈련시키고 한밤중의 기습으로 롯을 다시 빼앗아 올 수 있었지만, 결국에는 하나님이 바벨론의 연합군을 아브라함에게 붙이셨기에 가능했습니다. 만에 하나라도 아브라함이 영광을 받는 어리석음을 피할 수 있도록 보호의 메시지를 주었습니다. 그 메시지가 바로 "하나님을 찬송할지로다," 다시 말해서, 하나님에게 모든 영광을 돌리라는 것입니다.

2. 다윗

　다윗과 연관된 멜기세덱을 알아보기 위하여 시편 110편을 보겠습니다: "여호와께서 내 주에게 말씀하시기를, '내가 네 원수로 네 발등상 되게 하기까지 너는 내 우편에 앉으라' 하셨도다. 여호와께서 시온에서부터 주의 권능의 홀을 내어보내시리니, 주는 원수 중에서 다스리소서. 주의 권능의 날에 주의 백성이 거룩한 옷을 입고 즐거이 헌신하니, 새벽이슬 같은 주의 청년들이 주께 나오는 도다. 여호와는 맹세하고 변치 아니하시리라. 이르시기를, '너는 멜기세덱의 반차(班次)를 좇아 영원한 제사장이라' 하셨도다. 주의 우편에 계신 주께서 그 노하시는 날에 열왕을 쳐서 파하실 것이라. 열방 중에 판단하여 시체로 가득하게 하시고, 여러 나라의 머리를 쳐서 파하시며, 길가의 시냇물을 마시고, 그 머리를 드시리로다" (1~7절).

　다윗이 이 시편을 기록할 때 그는 과거와 미래를 연결하는 가교(架橋)의 역할을 한다는 사실을 전혀 알지 못했을 것입니다. 과거는 창세기 14장에서 아브라함을 축복하는 멜기세덱이고, 미래는 대제사장인 예수 그리스도이십니다. 다시 말해서, 다윗은 이 시편에서 아브라함을 만난 멜기세덱과 멜기세덱의 서열을 따라 대제사장이 되신 예수 그리스도를 연결했다는 말입니다.

　이 시편은 세 가지의 내용을 담고 있습니다. 첫 번째는 다윗의 주님이 왕이시라는 사실입니다. 다윗의 주님은 왕의 홀을 가지고 통치하시는 분으로, 그리고 주님의 백성들이 그분에게 헌신하며 나와서 그분의 통치를 받는 모습을 묘사합니다. 2~3절을 다시 보겠습니다: "여호와께서 시온에서부터 주의 권능의 홀을 내어보내시리니, 주는 원수 중에서 다스리소서. 주의 권능의 날에 주의 백성이 거룩한 옷을 입고 즐거이 헌신하니...."

이 시편의 두 번째 내용은 다윗의 주님이 제사장이라는 것입니다. 1절과 4절을 다시 보겠습니다: "여호와께서 내 주에게 말씀하시기를, '내가 네 원수로 네 발등상 되게 하기까지 너는 내 우편에 앉으라' 하셨도다. 여호와는 맹세하고 변치 아니하시리라. 이르시기를, '너는 멜기세덱의 반차를 좇아 영원한 제사장이라' 하셨도다." 다윗의 주님은 하나님의 우편에 앉아서 항상 중보기도를 하는 제사장이라는 뜻입니다.

시편 110편의 세 번째 내용은 다윗의 주님이 심판주라는 사실입니다. 5절 이하를 다시 보겠습니다: "주의 우편에 계신 주께서 그 노하시는 날에 열왕을 쳐서 파하실 것이라. 열방 중에 판단하여 시체로 가득하게 하시고, 여러 나라의 머리를 쳐서 파하시며...." 이 말씀에 의하면, 다윗의 주님이 여호와의 오른쪽에 앉아서 중보하시는 기간이 끝나면 군왕(群王)들을 심판하신다는 뜻입니다.

다윗이 노래한 이 시편에 의하면, 다윗의 주님은 제사장이자 동시에 세상을 심판하실 왕이십니다. 두말할 필요도 없이, 이런 이중적인 신분의 시작은 멜기세덱입니다. 아브라함에게 복을 빌어 준 멜기세덱은 왕이자 동시에 제사장이었습니다. 다윗은 멜기세덱에게서 이런 이중적인 신분의 모형을 빌어서 미래의 주님을 왕이자 동시에 제사장으로 묘사했습니다. 물론 다윗의 주님은 앞으로 오실 예수 그리스도이십니다.

3. 예수 그리스도

예수 그리스도와 연관된 멜기세덱을 찾기 위하여 히브리서 5장을 보겠습니다: "....그리스도께서 대제사장 되심도 스스로 영광을 취하심이 아니요, 오직 말씀하신 이가 저더러 이르시되, '너는 내 아들이니, 내가 오늘날 너를 낳았다' 하셨고, 또한 이와 같이 다른 데서 말씀하시되, '네가 영원히 멜기세덱의 반차를 좇는 제사장이라' 하였으니…그가 아들이시라도 받으신 고난으로 순종함을 배워서 온전하게 되었은즉, 자기에게 순종하는 모든 자에게 영원한 구원의 근원이 되시고, 하나님께 멜기세덱의 반차를 좇은 대제사장이라 칭하심을 받았느니라" (5~10절).

우리들도 알듯이, 예수 그리스도는 선지자시요, 제사장이시요, 그리고 왕이십니다. 그분이 구원의 복음과 영원한 심판을 선포하실 때 그것은 선지자와 왕의 선포입니다. 그분이 하나님의 우편에서 우리 그리스도인들을 위하여 기도하실 때 그것은 제사장의 사역입니다. 그러므로 예수 그리스도는 왕이시며, 동시에 제사장이십니다. 그런데 그분의 그런 이중적인 신분은 멜기세덱과 같다는 것입니다. 왜냐하면 멜기세덱도 왕이자 제사장이었기 때문입니다.

그러나 히브리서 5장에서는 예수 그리스도를 제사장으로만 소개합니다. 제사장이란 구약성경이 보여 주듯 다른 사람들의 무식과 미혹을 이해할 수 있어야 합니다 (히 5:2). 예수 그리스도는 그런 자격을 충분히 갖추었습니다. 왜냐하면 하늘나라의 모든 영광을 버리고 한계와 연약에 휩싸인 인간이 되셨기 때문입니다. 그런 모습을 묘사하기 위하여 "너는 내 아들이니, 내가 오늘날 너를 낳았다"고 했습니다 (5절). 다시 말해서, 예수 그리스도는 참 인간이 되셨기에 다른 연약한 인간들을 위해 기도하실 수 있는 제사장이 되셨습니다.

제사장이 되기 위해서는 하나님의 부르심도 있어야 합니다 (4절). 예수 그리스도는 어떻게 그런 부르심을 받았습니까? 그분이 제사장으로 부르심을 받은 것을 히브리서 저자는 이렇게 표현합니다, "네가 영원히 멜기세덱의 반차를 좇는 제사장이라" (6절). 지금까지 살펴본 대로, 멜기세덱은 아브라함을 축복한 제사장이었습니다. 뿐만 아니라, 멜기세덱은 다윗이 선언한 미래의 제사장이었습니다. 예수 그리스도는 아브라함을 축복하고 다윗이 예언한 바로 그 제사장이셨습니다.

예수 그리스도는 제사장이 되기 위한 두 가지 자격을 갖추셨습니다. 그분은 구약성경의 제사장들과 똑같은 자격을 갖춘 제사장이었습니다. 그러나 구약의 제사장들은 아무도 영원한 제사장이 될 수 없었습니다. 왜냐하면 그들은 모두 죽었고, 그 죽음과 함께 그들의 제사장 신분도 끝났습니다. 예수 그리스도가 다윗의 예언대로 영원한 제사장이 되기 위하여 구약의 제사장들과 다른 점이 있어야 했습니다.

히브리서 5장에 의하면, 예수 그리스도가 다른 제사장들과 다른 점은 그분이 당하신 고난이었습니다. 어느 정도의 고난을 겪었습니까? 그분은 십자가 위에서 죽는 고난을 겪으셨습니다. 그 죽음 직전에 그분이 흘린 눈물과 통곡은 그 고난의 심각성을 잘 알려 주는 대목이기도 합니다 (7절). 예수 그리스도는 "받으신 고난으로...하나님께 멜기세덱의 반차를 좇은 대제사장이라 칭하심을 받았습니다" (8~10절).

III. 결론

우리는 성경 전체에서 세 번밖에 나오지 않는 멜기세덱이라는 신비의 사람에 대하여 간단히 살펴보았습니다. 그리고 그 사람의 이야기는 너무 이해하기 어렵습니다. 히브리서 저자도 어렵다고 동의했습니다, "멜기세덱에 관하여는 우리가 할 말이 많으나 너희가 듣는 것이 둔하므로 해석하기 어려우니라" (히 5:11). 멜기세덱은 우리 모두에게 설명하기 어려운 인물입니다.

그러나 한 가지는 분명해졌는데, 그것은 멜기세덱이 제사장이라는 사실입니다. 먼저는 아브라함을 축복한 제사장이었습니다. 그 다음은 다윗이 예언한 제사장이었습니다. 마지막으로, 예수 그리스도는 멜기세덱과 같은 대제사장이셨습니다. 결론적으로 말하면, 멜기세덱은 지금도 우리들을 위하여 하나님의 우편에서 중보기도를 끊임없이 하고 계시는 예수 그리스도를 가리킵니다.

예수 그리스도가 기름부음을 받아 제사장이 되신 것은 우리에게 중요한 의미를 줍니다. 우리가 죄를 용서받고 그분을 우리의 구세주로 영접할 때 우리의 삶과 마음속에 성령이 들어오십니다. 다른 말로 하면, 우리도 기름부음을 받았다는 뜻입니다 (요일 2: 20). 그런 이유 때문에 우리도 제사장이 된 것입니다. 사도 베드로도 "너희는 왕 같은 제사장"이라고 불렀습니다 (벧전 2:9). 사도 요한도 우리를 제사장으로 삼으셨다고 두 번씩이나 언급했습니다 (계 1:6, 5:10).

제사장인 우리도 멜기세덱의 본을 따르는 삶을 살아야 될 것입니다. 어떤 본을 따라야 합니까? 다음과 같은 세 가지 측면에서 따라야 합니다. 멜기세덱의 **첫 번째** 본은 그가 아브라함을 축복한 것처럼, 우리도 서로가 축복을 받을 수 있도록 기도해 주어야 합니다. 우리는 이 세상에서 그리스도인답게 살기 위하여 힘쓸 뿐 아니라, 때때로 오해와 핍박을 받습니다. 마치 아브라함이 전쟁 중에 지친 몸을 이끌고 돌아왔을 때 멜기세덱이 그를 찾아와서 복음 빌어 준 것처럼, 우리도 서로를 위하여, 특히 힘들고 지친 형제자매들을 위하여 *복을 빌어 주어야* 합니다.

멜기세덱이 아브라함의 육체적인 피곤을 알고 떡과 포도주를 제공한 것처럼, 우리도 제사장답게 우리 주변의 형제자매들의 필요를 구체적으로 채워 주어야 합니다. 우리가 서로를 위하여 복을 빌어 주는 것도 중요하지만, 그 못지않게 중요한 것은 그들의 *필요를 채워 주어야* 합니다. 그렇게 할 수 없다면 우리는 진정한 의미에서 제사장이라 할 수 없습니다. 야고보는 이런 제사장의 역할을 이렇게 표현합니다: "만일 형제나 자매가 헐벗고 일용할 양식이 없는데, 너희 중에 누구든지 그에게 이르되, '평안히 가라, 더웁게 하라, 배부르게 하라' 하며 그 몸에 쓸 것을 주지 아니하면 무슨 유익이 있으리요? 이와 같이 행함이 없는 믿음은 그 자체가 죽은 것이라" (약 2:15~17).

멜기세덱의 **두 번째** 본은 중보기도를 하는 제사장입니다. 다윗이 묘사한 멜기세덱은 하나님의 우편에 앉아서 기도하는 영원한 제사장이었습니다. 우리도 마찬가지입니다! 제사장인 우리는 서로를 위하여 *중보기도*를 해야 합니다. 실제로 우리의 신앙 척도는 중보기도라고 해도 지나친 말은 아닙니다. 우리는 같은 신앙 공동체의 형제자매들을 위하여 끊임없이 중보기도를 해야 합니다. 그리할 때 우리는 진정으로 제사장의 역할을 감당하는 것이며, 형제자매들은 주 안에서 든든히 세워져갈 수 있습니다.

제사장은 그의 중보기도를 같은 교회의 식구들에게만 국한시키면 안 됩니다. 우리는 중보기도의 영역을 넓혀가야만 합니다. 우리는 우리의 가족과 친구들을 위하여 중보기도를 해야 합니다. 우리는 특히 구원받지 못한 주변의 사람들을 위하여 중보기도를 해야 합니다. 이것은 참으로 인내와 사랑을 필요로 하는 중보기도입니다. 그뿐 아닙니다! 우리는 위정자(爲政者)들을 위하여 중보기도를 해야 합니다. 그들이 잘못 결정하면 국가의 장래를 어렵게 할 수 있기 때문입니다 (딤전 2:2). 그렇게 되면 우리의 삶도 균형을 잃게 됩니다.

멜기세덱의 **세 번째** 본은 고난을 감수하는 제사장입니다. 예수 그리스도는 말할 수 없는 고난을 통하여 멜기세덱의 반차를 좇는 제사장이 되셨습니다. 우리도 마찬가지입니다. 우리가 다른 사람

들의 복을 빌어 주면서, 물질과 시간을 나누어 주면서, 중보기도
를 하면서 신앙 생활을 영위하려 할 때, 거기에 따르는 고난도 있
을 수 있습니다. 형제자매들을 위하여 중보기도를 하는 것은 특권
이지만, 동시에 인간적으로는 고난일 수도 있습니다. 왜냐하면 우
리가 원하는 것을 *희생해야* 하기 때문입니다.

형제자매들에게 물질과 시간을 나누어 보십시오. 얼마나 많은
것을 희생해야 하는지는 경험한 사람들만이 아는 사실입니다. 다
른 사람들의 아픔을 이해하기에 시간과 정성을 희생하는 성도들
도 있습니다. 물질을 희생하는 분들도 있습니다. 그러나 놀라지
마십시오. 위로 주님을 위하여 그리고 아래로 형제자매들을 위하
여 고난을 감수하는 사람들에게 주님이 주시는 위로와 능력도 역
시 경험한 사람들만이 맛보는 비밀입니다.

14

선교의 하나님

"아브라함과 다윗의 자손 예수 그리스도의 세계라."

I. 서론

하나님이 인간을 창조하신 것은 인간과 교제를 나누기 위해서였습니다. 그 교제는 사랑을 바탕으로 한 것이었습니다. 그것이 사랑으로 표출된 것은 여러 가지 정황에서 잘 나타났습니다. 하나님은 인간을 창조하시기 전에 인간에게 필요한 모든 것을 만들어 놓으셨습니다. 인간은 그 모든 것을 누리며 즐기기만 하면 되었습니다. 그뿐 아닙니다! 인간이 하나님을 떠나려고 발버

둥을 칠 때도 하나님은 여전히 인간에 대한 사랑을 버리지 않으셨습니다.

우리가 아는 것처럼, 첫 인간인 아담과 하와는 이처럼 큰 하나님의 사랑을 거부했습니다. 아담과 하와는 하나님을 떠나갔습니다. 그러나 인간에 대한 하나님의 사랑은 거의 짝사랑과 같은 것이었습니다. 하나님은 당신을 떠난 인간을 계속 사랑하셨기 때문입니다. 하나님은 그 사랑을 거듭거듭 표현하셨습니다. 어떤 때는 벌거벗은 그들에게 가죽옷을 손수 지어 입히셨습니다 (창 3:21). 그 후 그들이 엄청나게 번성하게 하셨습니다.

그런 사랑에 대한 반응은 무엇이었습니까? 또 다시 하나님의 뜻을 거부했습니다. 인간들은 그 마음에 하나님을 모시기를 거부하며, 각종의 죄에 빠지면서 살았습니다. 인류에 대한 하나님의 사랑을 이번에는 노아의 식구들을 통하여 나타내셨습니다. 다시 말해서, 인류의 구원을 위하여 노아와 그 식구들을 의롭게 보존해 주셨습니다 (창 6:9). 그리고 그 식구들을 통하여 다시 하나님은 인류를 번성하게 하셨습니다.

인간들은 그런 하나님의 사랑에 감복했습니까? 물론 아닙니다! 그들은 오히려 하나님을 대적하기 시작했습니다. 그들은 하나님과 겨루기 위하여 바벨탑을 쌓았습니다 (창 11:1~3). 하나님의 사랑을 거부하기로 작정했습니다. 그들은 똘똘 뭉쳐서 인간적인 방법으로 하나님을 대적했습니다. 인류에 대한 일방적인 하나님의 사랑은 다시 한 번 무참히 짓밟혔습니다. 하나님은 이처럼 세 번씩이나 인류를 번성시키면서 사랑하셨지만 번번이 거부당하셨습니다.

II. 본론

그 결과 하나님은 인류를 버리셨습니까? 물론 아닙니다! 인류에 대한 하나님의 짝사랑은 깊어만 갔습니다. 마치 *말아톤*이란 영화에서 엄마가 병든 아들을 건강한 아들보다 더 사랑하고, 더 관심을 기울이고, 시간과 마음을 더 쏟는 것과 같습니다. 하나님은 병든 인류를 여전히 사랑하셨습니다. 그리고 그들과 사랑의 교제를 회복하기를 간절히 원하셨습니다. 그러나 창세기 1장부터 11장에서처럼 하나님은 더 이상 인류를 직접적인 방법으로 구원하려고 하지 않으셨습니다. 두말할 것도 없이 인간이 너무나 완악하기 때문입니다.

이제부터 인류에 대한 하나님의 사랑은 다른 방법을 통해 나타내기 시작했습니다. 그것은 구세주를 통한 구원이요, 교제의 회복이었습니다. 모든 인류를 직접 구원하는 방법 대신에, 하나님은 모든 인간을 위하여 구세주를 보내 주는 방법을 택하셨습니다. 우리가 아는 것처럼, 하나님은 모든 사람을 위하여 구세주로 하여금 십자가 위에서 죽게 하시는 방법을 통하여 구원의 길, 곧 교제의 회복을 꾀하기 시작하셨습니다.

1. 아브라함

인류의 구원을 위한 하나님의 새로운 방법은 아브라함으로부터 시작됩니다. 하나님은 그처럼 엄청난 목적을 가지시고 어느 날 아브라함을 불러내십니다. 하나님은 아브라함에게 이렇게 말씀하십니다: "너는 너의 본토 친척 아비 집을 떠나 내가 네게 지시할 땅으로 가라" (창 12:1). 이미 말씀드린 것처럼, 하나님이 아브라함을 불러내신 것은 인류를 위한 것이었습니다. 그런 목적을 하나님은 이렇게 말씀하셨습니다, "....땅의 모든 족속이 너를 인하여 복을 얻을 것이라" (창 12:3).

물론 하나님은 아브라함에게도 복을 약속하셨습니다. 실제로 하나님은 아브라함을 그의 일생에 여러 가지로 축복하신 것도 사실입니다. 그는 많은 재산을 갖게 되었습니다. 그에게는 자녀도 많이 생겼습니다. 그는 175년이라는 장수의 축복도 받았습니다. 그는 이렇다 할 큰 병을 한 번도 앓지 않고 건강하게 살았고, 마침내 그의 모든 것을 아들에게 물려주는 축복을 누렸습니다.

그러나 이미 말씀드린 것처럼, 아브라함이 누렸던 모든 축복은 일시적이요 현세적인 것에 불과합니다. 하나님은 궁극적으로 아브라함의 후손을 통하여 구세주를 이 세상에 보내시는 것을 목적하셨습니다. 그리고 그 구세주를 통하여 인류를 구원하시겠다는 것이었습니다. 비록 아브라함은 하나님의 뜻을 다 파악하지 못했을지라도, 하나님은 처음부터 세계 선교를 위하여 아브라함을 부르셨던 것입니다. 과연 하나님은 선교의 하나님이십니다!

아브라함의 생애를 보면, 그가 의식했든 못했든 그의 삶은 선교사와 같은 것이었습니다. 어떻게 그렇게 말할 수 있습니까? 다음과 같은 몇 가지 이유 때문에 그렇게 말할 수 있습니다. 첫째, 아브라함은 고향을 떠나서 나그네처럼 인생을 살았기 때문입니다. 그의 고향은 갈대아 우르였습니다. 그러나 그는 그 고향을 떠나 하나님이 인도하시는 대로 여기저기를 떠돌아다녔습니다. 이런 삶은 고향을 떠나 하나님의 인도를 따라 살아가는 선교사와 조금도 다를 바 없습니다.

둘째, 아브라함은 이곳저곳을 다니면서 직접적이든 간접적이든 하나님을 전하면서 살았기 때문입니다. 그는 세겜 땅에 이르러 그를 불러내신 하나님을 위하여 제단을 쌓았습니다 (창 12:7). 이런 신앙의 행위는 무속 신앙에 찌든 세겜 사람들의 시선을 충분히 끌었을 것입니다. 이것은 오늘날의 선교사가 복음의 불모지에 가서 교회를 세우는 것과 같은 엄청난 증거의 행위였습니다.

셋째, 아브라함은 하나님의 특별한 개입과 보호를 받으면서 살았기 때문입니다. 이런 하나님의 개입과 보호는 어떤 면에서 선교사들만이 경험할 수 있는 특별한 것이라고 할 수 있습니다. 그가 애굽과 그랄에서 아내를 잃게 되었을 때 하나님이 개입하셨습니다. 그리고 그의 아내를 보호해 주셨습니다. 그 결과 아브라함은 간접적이지만 그래도 하나님을 이방인들에게 전할 수 있었습니다 (창 12:17, 20:13). 실제로 그랄에서는 아브라함이 그 이방 사람들을 위하여 공개적으로 기도했고 또 응답을 받음으로 하나님을 전할 수 있었습니다 (창 20:17).

2. 다윗

하나님은 인류의 구원을 위하여 아브라함을 불러내셨으며, 그런 목적을 제법 구체적으로 알게 하신 사람은 다윗이었습니다. 그러면 다윗은 인류의 구원이라는 비전을 받을 만한 인물이었습니까? 물론 아닙니다! 그는 작은 마을 베들레헴에서 태어나서 자란 시골 사람에 불과했습니다. 그는 부모와 형들로부터도 따돌림을 받던 사람이었습니다. 그는 양 몇 마리를 치는 목동이었습니다. 그는 이방인에 대해 편견을 가질 수 있는 정통 유대인이었습니다.

그러나 하나님은 그런 다윗을 이스라엘의 왕으로 삼으셨을 뿐 아니라, 그에게 인류의 구원이라는 엄청난 계시를 주셨습니다. 그 계시를 함께 보겠습니다:

> 하나님은 우리를 긍휼히 여기사 복을 주시고, 그 얼굴빛으로 우리에게 비추사, 주의 도를 땅 위에, 주의 구원을 만방 중에 알리소서. 하나님이여, 민족들로 주를 찬송케 하시며, 모든 민족으로 주를 찬송케 하소서. 열방은 기쁘고 즐겁게 노래할지니, 주는 민족들을 공평히 판단하시며, 땅 위에 열방을 치리하실 것임이니이다. 하나님이여, 민족들로 주를 찬송하게 하시며, 모든 민족으로 주를 찬송하게 하소서. 땅이 그의 소산을 내었도다. 하나님, 곧 우리 하나님이 우리에게 복을 주시리로다. 하나님이 우리에게 복을 주시리니, 땅의 모든 끝이 하나님을 경외하리로다.
>
> 시편 67:1~7

이 시편에 의하면, 하나님이 다윗에게 인류의 구원에 대하여 분명히 알려 주셨습니다. 그렇지 않다면 인간적으로 이런 비전의 찬송을 절대로 할 수 없었을 것입니다. 그러면 무엇을 보고 인류의 구원에 대한 찬송인 줄 압니까? 다음과 같은 몇 가지 내용 때문입니다. 첫째,

구원의 우주성 때문입니다. 2절을 다시 보겠습니다, "주의 도를 땅 위에, 주의 구원을 만방 중에 알리소서." 다윗은 주님의 구원이 모든 나라, 곧 모든 인간에게 전해져야 한다는 사실을 선언했습니다.

둘째, 모든 민족, 곧 모든 인간이 하나님을 찬송해야 하는 사실을 선언했습니다. 왜 모든 인간이 하나님을 찬송해야 합니까? 먼저는 하나님이 일구신 구원 때문에 찬송을 올려야 합니다. 하나님의 은혜로 구원받은 모든 하나님의 백성은 그분을 찬양할 수밖에 없기 때문입니다. 그 다음, 하나님의 공평한 심판과 통치 때문에 하나님을 찬송해야 합니다. 마지막으로, 하나님이 그 백성들에게 내려 주시는 축복 때문에 하나님을 찬송해야 합니다.

셋째, 모든 민족은 하나님을 경외해야 한다고 선언했기 때문입니다. 7절을 다시 보겠습니다, "하나님이 우리에게 복을 주시리니, 땅의 모든 끝이 하나님을 경외하리로다." *경외하다*는 하나님을 두려워하며 동시에 사랑한다는 뜻입니다. 하나님을 두려워해야 하는 이유는 그분의 거룩한 성품과 심판 때문입니다. 그러나 하나님은 심판받을 수밖에 없는 죄 많은 인간늘에게 구원의 은총을 베풀어 주셨습니다. 그런 이유 때문에 모든 민족은 그분에게 감사하고 또 사랑해야 합니다. 그리고 그분을 진정으로 사랑한다면 그분에게 조건 없이 순종하게 됩니다.

3. 예수 그리스도

하나님은 인류의 구원을 위하여 아브라함을 불러내셨고, 그리고 그 비전을 다윗에게 주셨습니다. 그 후 세월이 흘러 마침내 인류의 구원을 구체적으로 이루어야 하는 때가 되었습니다. 다시 말해서, "때가 찼던 것입니다" (갈 4:4). 성경은 이렇게 말합니다, "때가 차매, 하나님이 그 아들을 보내사 여자에게서 나게 하시고." 이 말씀의 뜻은 무엇입니까? 하나님의 아들 예수 그리스도가 하늘나라의 모든 영광을 버리고 인간이 되셨다는 뜻입니다. 다시 말해서, 그분은 높고 높은 하나님의 신분을 버리고, 낮고 낮은 인간이 되셨습니다.

그처럼 인간이 되신 목적은 두말할 필요도 없이 인간 속에 들어와서 인간들의 구원을 이루시겠다는 것이었습니다. 하나님이 아브라함을 부르시면서 그 자손을 통하여 구세주를 이 세상에 보내시겠다는 계획대로입니다. 예수 그리스도는 하나님이 다윗에게 보여 주신 모든 민족의 구원을 이루시는 방법이었습니다. 그분을 통하여 모든 인류가 하나님을 찬송할 뿐 아니라, 하나님을 경외하게 하신 것입니다. 바로 그 목적을 이루기 위하여 예수 그리스도는 동정녀 마리아에게서 태어나셨습니다.

그러나 모든 민족의 구원을 위한 그분의 계획은 쉽게 전수될 수 있는 내용이 아니었습니다. 그래서 예수 그리스도는 제자들을 선택하시고 그들을 3년 동안이나 함께 지내셨습니다. 마침내 그들의 신앙 고백과 신뢰를 얻어 낸 그분은 그들에게 그분의 비전을 알려 주시기 시작했습니다. 물론 그 비전은 모든 인류의 구원이었습니다. 그런 이유 때문에 예수 그리스도는 제자들에게 반복적으로 그 비전을 심어 주셨습니다. "온 천하에 다니며 만민에게 복음

을 전파하라" (막 16:15); "모든 족속으로 제자를 삼아라" (마 28:19);
"죄 사함을 얻게 하는 회개가...모든 족속에게 전파되리라" (눅 24:
47); "땅 끝까지 이르러 내 증인이 되리라" (행 1:8).

예수 그리스도는 모든 인간의 구원을 위하여 마지막 역사를 이루셨습니다. 그것이 바로 십자가의 죽음이었습니다. 그분의 죽음은 모든 인간의 죄와 심판을 대신한 대속적 죽음이었습니다. 그분은 과연 "세상 죄를 지고 가는 하나님의 어린 양"이셨습니다 (요 1:29). 그분은 "세상을 사랑하셨습니다" (요 3:16). 그 사랑의 표현이 모든 사람을 대신한 죽음이었습니다. 사도 요한은 예수 그리스도의 죽음을 이렇게 말했습니다: "저는 우리 죄를 위한 화목제물이니, 우리만 위할 뿐 아니요 온 세상의 죄를 위하심이라" (요일 2:2).

모든 인간은 죄인이기에 반드시 죽습니다. 이 죽음을 피할 수 있는 사람은 이 지구상에는 없습니다. 빈부는 물론 남녀노소를 막론하고, 그리고 학식의 유무에 상관없이 모든 사람은 죽습니다. 종교의 모든 창시자들조차도 모두 죽었습니다. 그리고 죽음 너머에는 영원한 심판이 기다리고 있다는 사실을 우리 모두는 너무나 잘 압니다. 이처럼 한계 있는 삶과 피할 수 없는 심판의 문제는 인간으로서는 도저히 해결할 수 없는 문제입니다.

그러나 인류의 구세주이신 예수 그리스도는 죽음과 심판의 문제를 해결하셨습니다. 어떻게 해결하셨습니까? 그분이 인간의 죄를 짊어지고 십자가에서 죽은 지 삼일 만에 부활하심으로 해결하셨습니다. 그렇습니다! 예수 그리스도는 부활하셔서 모든 믿는 자들의 본이 되셨습니다. 누구든지 십자가에서 죽으셨다가 다시 사신 예수 그리스도 앞에 나와서 죄를 회개하고 그분을 믿고 영접하면 구원을 받습니다.

III. 결론

아브라함을 부르실 때부터 하나님은 선교의 하나님이셨습니다. 왜냐하면 하나님은 세계를 품에 품으시고 아브라함을 부르셨기 때문입니다. 그 선교의 하나님은 다윗에게 선교의 비전을 주셨습니다. 그리고 그 선교의 하나님은 인류의 구원을 위하여 구체적인 방법을 제시하셨습니다. 그 방법은 뜻밖에도 선행이나, 기도나, 헌금이나, 구제가 아니었습니다. 그 방법은 놀랍게도 하나밖에 없는 당신의 아들 예수 그리스도였습니다.

그러면 "아브라함과 다윗의 자손 예수 그리스도의 세계라"는 신약성경의 첫 말씀은 우리에게 무엇을 가르쳐 줍니까? 다음과 같은 세 가지를 가르쳐 줍니다. **첫째**, 아브라함이 비록 선교사는 아니었을지라도 선교사와 같은 삶을 산 것처럼, 우리도 역시 그런 삶을 살아야 합니다. 어차피 우리는 순례자의 길을 걸어가는 나그네들입니다. 이 세상에 마음을 너무 깊이 두지 말고, *선교사처럼* 살아야 합니다.

어떻게 사는 것이 선교사처럼 사는 것입니까? 우리는 간접적이든 직접적이든 하나님을 늘 드러내야 합니다. 아브라함이 제단을 쌓은 것처럼 우리도 어디를 가서 무엇을 하든지 제단을 쌓아야 합니다. 다시 말해서, 하나님에게 예배를 드려야 합니다. 그리고 믿지 않는 사람들 가운데서 살고 있는 우리는 믿지 않는 사람들의 구원을 위하여 기도해야 합니다. 그뿐 아닙니다! 기회가 주어지는 대로 입을 열어 하나님을 증거해야 합니다.

둘째, 현재 우리들은 선교사로서 외국까지 가지 않았습니다. 그러나 다윗처럼 *선교의 비전*을 가지고 살아야 합니다. 다시 말해서, 이 세상을 마음에 품고 살아야 합니다. 세상 사람들이 예수 그리스도의 복음을 들을 수 있도록 기도해야 할 것입니다. 불신자들이 변화되어 주님을 찬송하며 또 경외하도록 기도해야 합니다. 그리고 마침내 "이 천국 복음이 모든 민족에게 증거될 것"을 믿어야 합니다 (마 24:14).

성경의 말씀을 하나 인용하겠습니다, "묵시가 없으면 백성이 방자히 행하거니와" (잠 29:18). 이 말씀을 영어로 보면 이해하기 쉽습니다, *Where there is no vision, the people perish.* 비전이 없는 백성은 멸망한다는 의미입니다. 우리는 반드시 비전을 가져야 합니다. 무슨 비전입니까? 먼저는 한국 사람들의 구원이고, 그 나음은 세상 사람들의 구원입니다. 이런 비전을 가짐으로 선교의 하나님을 나의 하나님으로 모셔야 합니다.

셋째, 모든 민족의 구원을 위하여 예수 그리스도는 십자가 위에서 죽으셨다가 다시 살아나셨습니다. 우리에게 인류의 구원이라는 비전이 있다면, 인류의 구원의 방법인 예수 그리스도를 "때를 얻든지 못 얻든지" *전파해야* 합니다. 우리가 예수 그리스도를 전파하지 않으면 도대체 누가 불신자들을 구원한단 말입니까? 물론 다른 종교는 구원할 수 없습니다. 한국에 있는 많은 교회들도 죄인들을 구원하지 못할 것입니다. 왜냐하면 많은 사람들이 구원의 확신이 없기 때문입니다.

아브라함처럼 선교적인 삶을 살고, 다윗처럼 선교적인 비전을 가지고 산다면, 우리는 인류의 죄와 심판을 위하여 십자가에서 "다 이루었다"고 외치며 죽으신 예수 그리스도를 전파할 수 있습니다. 이것은 바로 선교적인 전파입니다. 우리는 모두 삶과 비전과 전파에서 선교를 초점에 두어야 할 것입니다. 그리할 때 우리는 선교의 하나님을 옳게 섬긴다고 말할 수 있을 것입니다.

부록

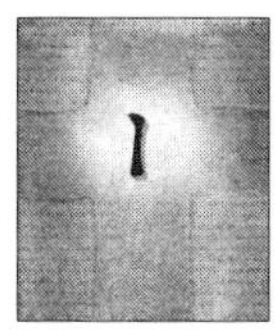

하나님 나라의 사람들

"아브라함이 이삭을 낳고, 이삭은 야곱을 낳고, 야곱은 유다
와 그의 형제를 낳고, 유다는 다말에게서 베레스와 세라를 낳
고, 베레스는 헤스론을 낳고, 헤스론은 람을 낳고, 람은 아미
나답을 낳고, 아미나답은 나손을 낳고, 나손은 살몬을 낳고,
살몬은 라합에게서 보아스를 낳고, 보아스는 룻에게서 오벳
을 낳고, 오벳은 이새를 낳고, 이새는 다윗 왕을 낳으니라."

마태복음 1:2~6a

I. 서론

마태복음 1장은 하나님의 나라에 대한 이야기입니다. 그렇다고
1장은 그 나라를 이루기 위하여 필요한 땅이나 헌법을 논하지 않

습니다. 1장은 하나님의 나라를 구성하고 있는 하나님의 사람들에 대한 이야기입니다. 다시 말해서, 하나님이 그 사람들을 준비하시고, 또 그 나라의 구성원으로 만드신 방법에 대한 이야기입니다. 왜 그렇습니까? 그 해답은 간단합니다! 하나님의 나라에서 가장 중요한 것은 다름 아닌 사람들이기 때문입니다. 물론 나라에는 땅도 있어야 하고, 헌법도 필요합니다. 그러나 역시 가장 중요한 것은 그 나라의 구성원들입니다.

그러면 하나님 나라의 구성원들은 어떻게 행동하고 또 어떻게 살아갑니까? 두말할 필요도 없이 그들은 하나님의 지도를 받으면서 행동하고 살아갑니다. 그렇다면 하나님은 그 많은 구성원들을 일일이 개인적으로 다루십니까? 물론 그럴 때도 있지만, 대개는 하나님의 종들을 통하여 다루십니다. 그 종들은 바로 하나님 나라의 구성원들을 지도하는 지도자들입니다. 그런 이유 때문에 마태복음 1장에서는 하나님 나라의 지도자들이 열거됩니다.

마태복음 1장이 이 세상에 있는 어떤 나라를 다루지 않고, 하나님의 나라를 다루기 때문에, 그리고 하나님 나라의 지도자를 다루기 때문에, 역시 예수 그리스도를 소개하지 않을 수 없습니다. 그 이유도 간단합니다! 하나님의 나라를 시작하고 완성하실 분이 바로 예수 그리스도이시기 때문입니다. 그분은 하나님 나라의 백성들을 다루는 진정한 지도자이십니다. 그런 이유 때문에 마태복음 1장은 아브라함으로부터 시작되지만, 그 절정에서 예수 그리스도를 소개하며 끝을 맺습니다.

II. 본론

그렇다면 이 하나님 나라의 구성원들을 지도한 하나님의 종들은 과연 어떤 사람들입니까? 훌륭한 가문에서 태어난 사람들입니까? 그렇지 않습니다! 그들은 전혀 알려지지 않은 가문에서 출발한 사람들이었습니다. 그들은 정치적으로 뛰어난 인물들입니까? 그렇게 말할 수만은 없습니다. 이 족보에 열거된 대부분의 사람들은 정치력을 갖지 못했습니다. 그렇다면 그들은 학식이 많은 사람들입니까? 그렇게 말할 수만은 없습니다. 그들 가운데 대부분은 별로 학식이 없었습니다. 그렇다면 그들은 도대체 어떤 사람들입니까? 하나님의 나라를 구성한 이 사람들 가운데는 놀랍게도 *연약한 사람들, 부족한 사람들, 부정한 사람들*이 포함되어 있습니다.

1. 연약한 사람들

먼저, 아브라함을 보겠습니다. 여러분도 잘 알다시피, 그는 이 하나님 나라의 시발점입니다. 다시 말해서, 아브라함은 이 하나님 나라의 씨가 되었습니다. 그리고 보일 듯 말 듯한 이 작은 씨가 자라서 큰 나무가 되었습니다. 예수님이 하신 비유와 똑같습니다: "천국은 마치 사람이 자기 밭에 갖다 심은 겨자씨 한 알 같으니, 이는 모든 씨보다 작은 것이로되, 자란 후에는 나물보다 커서 나무가 되매 공중의 새들이 와서 그 가지에 깃들이느니라"(마 13:31~32).

처음에 이 작은 씨가 밭에 심겼을 때는 각종의 새들이 그 씨를 먹어버리려고 아우성을 쳤습니다. 그러나 근근이 생명을 유지한 그 작은 씨는 생명력을 가지고 성장하여 마침내 큰 나무가 되었습니다. 그 나무는 힘 있게, 그리고 거의 제한 없이 성장했습니다. 이제는 한때 그 씨를 죽이고자 했던 새들까지도 성장한 그 나무를 의지하여 쉬기도 하고, 집도 짓고, 새끼도 낳아 키우는 등 삶의 터전으로 삼았습니다.

아브라함도 마찬가지입니다! 하나님이 그를 부르셨을 때, 아브라함은 참으로 겨자씨와 같은 무명의 사람이었습니다. 그는 우상을 섬기던 이방인이었습니다. 그뿐입니까? 아닙니다! 그는 75세나 된 늙은이에 불과한 사람이었습니다. 거기다가 자녀를 하나도 갖지 못한 쓸쓸한 노인이었습니다. 하나님이 그를 부르셨을 때 그에게 있는 것은 아내뿐이었습니다. 인간적으로 볼 때 그는 진정으로 연약한 사람이었습니다.

그처럼 전혀 자격이 없는 사람을 하나님이 하나님 나라의 씨와 종으로 삼으신 것은 아무리 보아도 하나님의 은혜입니다. 그런 이유 때문에 하나님이 아브라함을 부르신 행위를 신약성경은 복된 소식, 곧 "복음"이라고 선언했습니다. "....먼저 아브라함에게 복음을 전하되..." (갈 3:8). 그렇다면 왜 하나님은 아브라함에게 복음을 전해 주셨습니까? 그 이유는 그를 통하여 복음을 전해들을 *이방인들* 때문이라고 성경은 말합니다. "먼저 아브라함에게 복음을 전하되, 모든 이방이 너를 인하여 복을 받으리라" (갈 3:8).

그렇습니다! 하나님이 모든 이방인에게 은혜를 주실 그릇으로 연약하고도 연약한 아브라함을 복의 씨로 불러내신 것입니다. 그리고 그 씨가 한없이 성장하여 많은 새들까지도 그 그늘에서 은혜를 입게 하셨습니다. 여기에서 새들은 두말할 필요도 없이 아브라함을 통하여 복음을 전해들을 이방인들을 가리킵니다. 비록 아브라함이 우상을 섬기며, 우상을 만들어 팔아서 경제적으로 윤택한 삶을 살았지만, 하나님은 그를 불러내시어 하나님 나라의 시작으로 삼으셨습니다.

2. 부족한 사람들

하나님의 나라에서 장자는 중요합니다. 왜냐하면 장자는 하나님의 나라에서 하나님과 특별한 관계를 누리기 때문입니다. 그리고 그 관계 속에서 장자는 하나님의 백성들을 이끌어 가는 지도자의 역할을 감당했습니다. 그런 이유 때문에 하나님은 그 나라를 위하여 먼저 이스라엘이라는 나라를 하나님의 장자로 부르셨습니다. 그 장자를 통하여 세상의 이방인들을 이끌어 가겠다는 의미입니다. 하나님의 말씀을 보겠습니다, "여호와의 말씀에 이스라엘은 내 아들 내 장자라" (출 4:22).

하나님의 장자는 하나님의 소유로서 하나님의 권세 아래 있다는 의미입니다. 뿐만 아니라, 하나님은 아버지로서 장자를 특별히 돌보시고 사랑하십니다. 그런 이유 때문에 장자인 에서가 떡과 팥죽 때문에 그 장자의 권리를 판 것은 중대한 과오였습니다 (창 25:33). 그는 더 이상 하나님과 특별한 관계도 아니었고, 다른 사람들을 인도할 수 있는 지도력도 잃었습니다.

장자의 권한은 이스라엘 백성에게는 너무나 중요한 것이었습니다. 한 번은 요셉이 두 아들 므낫세와 에브라임을 데리고 그의 아비 야곱에게 갔습니다 (창 48:8 이하). 야곱은 므낫세와 에브라임을 축복하면서 요셉의 뜻과는 달리 동생 에브라임에게 장자의 축복을 내렸습니다. 물론 요셉은 이것을 기뻐하지 않았습니다. 왜냐하면 요셉은 장자에게 주어지는 모든 특권을 너무나 잘 알고 있었기 때문입니다. 하나님도 야곱, 곧 이스라엘의 축복의 기도를 받으시고 에브라임을 장자로 인정하셨습니다. "나는 이스라엘의 아비요, 에브라임은 나의 장자니라" (렘 31:9). 이런 축복의 결과 에브라임의 후손 중에는 여호수아와 같은 놀라운 지도자가 배출되었습니다 (민 13:8).

그런데 본문을 자세히 살펴보면 온전한 장자는 몇 명 되지 않습니다. 연약한 아브라함의 아들, 곧 장자로 인정된 사람은 첫 아들이 아니라, 둘째인 이삭입니다. 이삭의 아들 야곱은 어떻습니까? 그도 역시 에서를 제치고 장자의 특권을 차지한 사람입니다. 그런 야곱은 누구에게 장자의 권한을 물려주었습니까? 큰 아들입니까? 아닙니다! 그러면 둘째 아들, 아니면 셋째 아들입니까? 아닙니다! 그는 넷째 아들인 유다에게 장자의 특권을 주었습니다.

유다의 아들 베레스도 역시 장자가 아니었는데, 장자권을 물려받았습니다. 마지막으로 다윗은 어떻습니까? 그가 장자로 태어났기에 왕위를 물려받았습니까? 물론 아닙니다! 그는 자그마치 여덟 형제 중 막내였습니다. 그럼에도 불구하고 하나님은 인간적으로 볼 때 절대 불가능한 다윗을 택하시고 왕으로 세우셨습니다. 하나 님은 사람을 외모로 보시지 않습니다. 하나님은 부족한 것을 인정 하고 하나님 앞에 무릎을 꿇은 사람들을 부르셨을 뿐 아니라, 한 발 더 나아가서 그들을 지도자로 삼으셨습니다.

3. 부정한 사람들

그렇습니다! 하나님은 연약한 아브라함을 하나님 나라의 지도 자로 세우셨습니다. 그뿐 아니라, 하나님은 혈통적으로나 인간적 으로 부족한 사람들을 하나님 나라의 사람들을 이끌어 가는 지도 자로 삼으셨습니다. 그러나 더 있습니다. 하나님은 부정한 사람들 조차도 부르시고, 지도자로 만드시고, 그리고 귀하게 사용하셨습 니다. 그 가운데 우리는 세 여자를 열거할 수 있습니다. 그들은 다말과 라합과 룻입니다.

다말은 매춘부의 역할을 주저하지 않고 행한 여인이었습니다. 그녀는 유디의 가정에 시집을 갔으나, 아내로서 성공하지 못했습 니다. 다말은 유다의 장자 엘에게 시집을 갔으나, 얼마 지나지 않 아서 엘이 죽었습니다. 엘의 대를 이어가게 하기 위하여 그의 동 생 오난이 다말에게 주어졌으나 그도 죽었습니다. 시아버지 유다 는 다말을 친정으로 보냈습니다. 유다는 셋째 아들을 다말에게 주 기를 원하지 않았기 때문입니다 (창 38:1~11).

다말은 이에 앙심을 품고 매춘부로 가장하고 시아버지와 잠자 리를 같이 하고 쌍둥이 아들 둘을 낳았습니다. 그들이 바로 본문에 나오는 베레스와 세라입니다 (창 38:12~30 참조). 다말은 어떻게 감히 그런 계략으로 시아버지를 속이고 자식을 생산할 수 있었습니까? 참으로 부정한 여인이었습니다. 참으로 얄미우면서도 도전적인 여인이었습니다. 그런데 놀랍게도 그런 여인이 이처럼 엄청난 하나님 나라의 지도자로 그 이름을 올리고 있습니다.

두 번째 나오는 여인은 라합입니다. 그 여인도 역시 부정한 매춘부입니다 (수 2:1). 우리가 알듯이, 매춘부는 몸을 파는 여인을 말합니다. 라합은 몸을 팔며 사는 여인이었습니다. 그뿐 아니라, 유대인들이 율법적으로도 부정하게 여기는 이방인 여인이었습니다. 이런 여인이 이처럼 존귀한 지도자의 대열에 들어갈 수 있습니까? 물론 인간적으로는 불가능합니다. 그러나 하나님은 그 여인을 부르셨을 뿐 아니라, 하나님 나라의 백성을 이끄는 지도자로 삼으셨습니다.

본문에서 세 번째 나오는 여인은 룻입니다. 룻은 어떤 여인입니까? 첫째, 룻은 과부였습니다. 그녀의 남편은 일찍이 세상을 떠나, 그야말로 젊어서 과부가 된 쓸쓸한 여인이었습니다. 둘째, 룻은 이방인이었습니다. 위에서 이미 언급했지만, 유대인들은 이방인을 부정하게 여겼습니다. 셋째, 룻은 아주 가난한 여인이었습니다. 밭에 떨어진 이삭을 줍지 않고는 연명도 할 수 없을 정도로 가난한 여인이었습니다.

넷째, 룻은 모압 여인이었습니다. 유대인들은 모압 사람들을 무조건 싫어했고, 따라서 그들 가운데 받아들일 수 없는 사람들이었습니다. 성경은 유대인들에게 명령합니다: "암몬 사람과 모압 사람은 여호와의 총회에 들어오지 못하리니, 그들에게 속한 자는 십 대뿐 아니라, 영원히 여호와의 총회에 들어오지 못하리라"(신 23:3; 느 13:1~3 참고). 그런데 룻은 하나님과 유대인들이 이처럼 싫어하는 모압 여인이었습니다. 이런 여인이 하나님 나라의 백성을 이끄는 지도자의 반열에 올랐습니다.

III. 결론

본문에 열거된 지도자들을 보면, 올바른 장자는 다섯 명뿐입니다. 그러나 그들은 별 공적도 없는 미미한 지도자에 불과했습니다. 그들은 헤스론, 람, 아미나답, 나손, 살몬입니다. 나머지 아홉 사람은 비록 연약하고, 부족하고, 부정한 사람들이었지만, 그래도 하나님이 귀한 지도자로 만드셨습니다. 그 가운데 아브라함, 이삭, 야곱, 유다, 보아스, 다윗과 같은 인물은 참으로 탁월한 지도자들이었습니다. 그러면 하나님은 왜 인간적으로 연약하고, 부족하고, 부정한 사람들을 귀한 시노자로 삼으셨습니까?

첫째 이유는 그들이 *하나님을 믿었기* 때문입니다. 비록 그들은 인간적으로 볼 때 연약하고, 부족하고, 부정하지만, 그들이 믿은 하나님이 위대하시기 때문입니다. 하나님이 당신의 나라를 위하여 귀하게 사용하시는 사람들은 그들의 재능이나 재물 때문이 아닙니다. 그들의 학식이나 가문 때문이 아닙니다. 그들은 비록 천하고, 약하고, 더러울지라도, 그들이 믿은 하나님이 위대하시기 때문입니다. 성경의 말씀대로입니다: "형제들아, 너희를 부르심을 보라. 육체를 따라 지혜 있는 자가 많지 아니하며, 능한 자가 많지 아니하며, 문벌 좋은 자가 많지 아니하도다"(고전 1:26).

둘째 이유는 그들은 하나님을 믿었을 뿐 아니라, 그 하나님을 의지하고 *행동에 옮겼기* 때문입니다. 아브라함을 보십시오! 그 늙은 나이에 하나님의 말씀만 믿고 고향을 떠났습니다. 야곱을 보십시오! 그는 하나님의 약속을 믿고 고향으로 돌아왔습니다! 다말을 보십시오! 인간적으로 보기에는 더럽고 간사한 여인이었지만, 그녀의 행동은 하나님의 약속을 믿고 한 행동이었습니다!

라합을 보십시오! 그녀는 비록 이방인 매춘부였지만, 하나님을 믿었습니다. 믿었을 뿐 아니라, 그녀는 정탐꾼들을 숨겨 주었습니다. 이것은 목숨을 건 행동이었습니다! 그리고 여리고성이 무너질 때 그녀의 집은 무너지지 않을 것도 믿고 그에 따라 행동했습니다. 룻은 어떻습니까? 그녀는 어떤 유대인도 환영해 주지 않을 줄 알면서도, 하나님을 의지하여 유대인들의 땅으로 와서 살았습니다. 그녀의 믿음의 행동과 유대인 시어머니를 봉양한 갸륵한 행동은 유대인들의 마음을 감동시키고도 남았습니다.

하나님이 이처럼 연약하고, 부족하고, 부정한 사람들을 존귀한 지도자로 삼으신 **셋째** 이유는 *하나님의 긍휼* 때문입니다. 하나님은 긍휼이 많으신 분입니다. 그분에게 긍휼이 없다면 감히 누가 하나님 앞으로 나올 수 있겠습니까? 본문에 나온 하나님 나라의 지도자들은 하나 같이 하나님의 긍휼을 받은 사람들입니다. 아브라함이 자기의 목숨을 위하여 아내를 팔았는데도 그를 지도자로 삼으신 것은 하나님의 긍휼 이외에는 다른 어떤 말로도 설명할 수 없습니다.

다윗이 간음하고 또 그것을 은폐하기 위하여 사람을 죽였는데, 어떻게 하나님 나라의 지도자가 될 수 있습니까? 하나님의 긍휼 이외에 다른 이유를 찾을 수 있습니까? 라합과 룻과 같은 이방 여인들에게 살몬과 보아스와 같은 훌륭한 지도자를 남편으로 주신 하나님은 긍휼의 하나님이라는 묘사밖에는 달리 설명할 수 없을 것입니다. 하나님 나라의 지도자들은 모두 하나님의 긍휼을 넘치도록 받은 사람들입니다.

족보가 주는 교훈

"그런즉 모든 대 수가 아브라함부터 다윗까지 열네 대요, 다
윗부터 바벨론으로 이거할 때까지 열네 대요, 바벨론으로 이
거한 후부터 그리스도까지 열네 대러라."

마태복음 1:17

I. 서론

마태복음 1장 1~16절은 예수 그리스도의 족보입니다. 마태복음
에 의하면, 예수 그리스도의 족보는 아브라함으로부터 시작되었
습니다. 그리고 예수 그리스도의 탄생을 묘사함으로 그 족보의 이
야기는 끝을 맺습니다. 그런데 이 족보의 열거에는 이상한 것이
있습니다. 무엇이 이상합니까? 그것은 그 족보를 세 부분으로 나

누었다는 사실입니다. 왜 마태는 예수 그리스도의 족보를 세 부분으로 나누었습니까?

마태는 그 이유를 밝히지 않았습니다. 그러나 그는 그 이유를 살짝 건드렸을 뿐입니다. 본문을 다시 보겠습니다: "그런즉 모든 대 수가 아브라함부터 다윗까지 열네 대요, 다윗부터 바벨론으로 이거할 때까지 열네 대요, 바벨론으로 이거한 후부터 그리스도까지 열네 대러라." 이 말씀에 의하면, 예수 그리스도의 족보에서 바벨론이 중요한 전환점인 것을 짐작할 수 있습니다. 왜냐하면 바벨론을 전후로 열네 대가 각각 열거되었기 때문입니다.

II. 본론

그렇다면 바벨론으로 이거한 사실이 왜 그렇게 중요합니까? 이스라엘의 역사에서 바벨론은 너무나 중대합니다. 우리가 아는 것처럼, 바벨론은 구 바벨론과 신 바벨론이 있습니다. 구 바벨론은 창세기 11장에 나오는 나라를 말합니다. 그 바벨론의 가장 두드러진 사건은 역시 바벨탑을 쌓은 것입니다. 신 바벨론은 이스라엘 나라의 멸망과 밀접한 관계가 있습니다. 왜냐하면 바벨론이 이스라엘 나라를 멸망시켰기 때문입니다. 신 바벨론은 이스라엘 나라를 멸망시킨 후 중요한 인물들을 바벨론으로 잡아갔습니다. 그 사건을 바벨론 포로라고 합니다.

그러면 바벨론의 포로를 전후로 전개되는 예수 그리스도의 족보는 우리에게 어떤 교훈을 줍니까? 물론 여러 가지의 교훈을 말할 수 있겠지만, 우리는 특히 다음과 같은 몇 가지 교훈을 받을 수 있을 것입니다; 첫째는 가정의 원리이고, 둘째는 인생의 원리이며, 그리고 셋째는 신앙의 원리입니다. 그러면 이 세 가지 원리들을 차례로 살펴보면서 함께 은혜와 교훈을 받기를 바랍니다.

1. 가정의 원리

위에서 언급한 것처럼, 마태복음 1장은 예수 그리스도의 족보입니다. 그리고 예수 그리스도가 탄생하기까지 그 가정의 지도자들이 열거되어 있습니다. 그런 이유 때문에 이 족보는 무엇보다도 가정의 원리를 가르쳐 준다고 할 수 있습니다. 한 가정이 든든히 세워지고, 또 그 가정을 통하여 위대한 지도자를 배출한다는 것은 결코 하루아침에 이루어지지 않습니다. 그처럼 훌륭한 지도자가 나오기까지는 많은 눈물과 땀을 필요로 합니다.

하나님이 그처럼 늙은 아브라함을 부르실 때 누가 그를 통하여 당대를 호령하던 다윗과 같은 큰 인물이 태어날 줄 기대했겠습니까? 다윗이 태어나기까지 아브라함의 후손을 조금만 눈여겨보면, 하나님은 점진적으로 위대한 인물을 준비시키셨다는 것을 알 수 있습니다. 어떤 때는 연약한 인간들을 통해, 또 어떤 때는 부족한 인간들을 통해, 또 어떤 때는 부정한 인간들을 통해 하나님은 다윗과 같은 큰 인물을 일구셨습니다.

그 족보에는 비록 연약하고 부족한 가장들이 들어 있지만, 그래도 그들은 가정을 이끌어 가는 원리들을 지키고 있었습니다. 그들은 무엇보다도 하나님을 경외하는 사람들이었습니다. 하나님을 경외한다는 것은 무슨 뜻입니까? 그들은 하나님의 말씀을 늘 가까이 접했습니다. 그리고 그 말씀대로 움직이고 순종했습니다. 그 결과 하나님은 그들을 점차적으로 지도자로 만드셨습니다.

그 족보에 나오는 가장들은 서두르지 않았습니다. 그들이 하나님을 의지하기만 한다면 언젠가 하나님은 그 가정을 축복해 주실 것을 확실히 믿었기 때문입니다. 아브라함과 그 후손들은 결코 서두르지 않고, 그들에게 맡겨진 일에 충성하면서 하나님을 기다렸습니다. 그들의 자녀가 당장에 큰 인물이 되는 것을 보지 못했어도, 그들은 하나님을 의지했습니다. 그 결과 마침내 다윗과 같은 큰 인물을 배출해 내었습니다.

하나님이 가정을 일으키시는 원리는 간단합니다. 부모는 자녀들에게 신앙을 전수해 주었고, 또 하나님을 의지하는 방법을 전수해 주었습니다. 많은 부모는 작은 고리처럼 그들의 삶을 전수해 준 후, 자녀들이 큰 인물이 되는 것도 보지 못하고 죽었습니다. 그러나 자녀들에게 하나님의 씨를 뿌렸기 때문에 그들은 조급해 하지 않고 그들의 임무에 충성했습니다. 그 결과 인간적으로 볼 때 그처럼 형편없는 가문에서 다윗과 같은 귀한 인물을 배출할 수 있었습니다.

존 웨슬리(John Wesley)를 보십시오! 그의 할아버지도 설교자였습니다. 그는 정치적인 핍박과 경제적인 가난을 벗어나지 못했지만, 그래도 하나님을 의지하는 그의 삶을 자녀들에게 물려주었습니다. 그의 아들 사무엘 웨슬리(Samuel Wesley)는 아버지의 신앙을 물려받았습니다. 그도 역시 가난을 벗어나지 못했습니다. 한 번은 그의 집이 남김없이 불탄 적도 있었습니다. 그러나 하나님을 의지하는 신앙과 삶을 자녀들에게 물려주었습니다. 마침내 존 웨슬리와 같은 위대한 인물이 배출되었던 것입니다.

2. 인생의 원리

두 번째로 마태복음 1장에 나오는 예수 그리스도의 족보는 인생의 원리를 가르쳐 줍니다. 인생의 원리가 무엇입니까? 이 족보를 조금만 주의 깊게 살펴보면, 거기에는 각계각층의 인물들이 포함되어 있다는 것을 알 수 있습니다. 그 족보에는 평민도 있고, 노동자도 있고, 학자도 있고, 왕도 있습니다. 그뿐 아닙니다! 그들의 신분과 상황에 따라, 호화로운 삶을 영위하는 사람들도 있고, 가난에 찌든 사람들도 있습니다. 가정과 국가를 잃고 방황하던 사람들도 있습니다.

이 족보에 열거된 사람들의 신분에 상관없이, 그들 모두에게는 두 가지 공통점이 있습니다. 하나는 그들이 어느 날 이 세상에 태어났다는 사실입니다. 여기에 열거된 가장들이 태어났을 때, 그들의 신분과 정황이 무엇이었든지 출생의 기쁨이 있었을 것입니다. 더군다나 아들을 귀히 여기던 시대에 아들의 탄생은 부모는 물론 주변 사람들에게 많은 기쁨을 가져다 주었을 것입니다.

이 족보에 열거된 사람들의 두 번째 공통점은 한 사람도 예외 없이 그들 모두는 이 세상을 떠났다는 사실입니다. 그들이 태어난 때가 있었다면, 죽는 때도 있었습니다. 그들이 태어났을 때 긴 것 같은 인생이었는데도, 결국 그 인생이 다하고 모든 사람들이 가는 죽음의 길로 갔습니다. 어떤 사람들은 부귀영화를 영원히 누릴 것 같은 착각 속에 살았지만, 어느덧 모든 것을 다 놓고 이 세상을 떠났습니다. 어떤 사람들은 젊음을 영원히 누릴 것 같았지만, 그들도 갔습니다. 어떤 사람들은 가난과 고통을 영원히 짊어질 것 같아 신음 속에 살았지만, 그들도 갔습니다.

왜 그렇습니까? 본래 하나님이 인간을 창조하실 때는 그렇지 않았습니다. 하나님은 인간을 존귀하게 창조하셨습니다. 얼마나 존귀한지 인간은 만물의 영장(靈長)이라고 불립니다. 그러나 그 인간이 하나님을 무시하면서부터 인간은 하잘 것 없는 존재로 전락했습니다. 탄생의 축복이 있는가 싶더니, 어느덧 죽음의 순간을 맞이하는 허무한 인생이 되었습니다. 그런 이유 때문에 야고보는 인생을 "잠깐 보이다가 없어지는 안개니라"고 했습니다 (약 4:14).

시편 기자는 인생의 허무를 이렇게 노래했습니다: "우리의 모든 날이 주의 분노 중에 지나가며, 우리의 평생이 일식 간에 다 하였나이다. 우리의 연수가 칠십이요, 강건하면 팔십이라도, 그 년 수의 자랑은 수고와 슬픔뿐이요, 신속히 가니 우리가 날아가나이다" (시 90:9~10). 지혜의 사람 솔로몬은 그의 경험을 통하여 인생의 허무를 이렇게 말했습니다: "어떤 길은 사람의 보기에 바르나, 필경은 사망의 길이니라. 웃을 때에도 마음에 슬픔이 있고, 즐거움의 끝에도 근심이 있느니라" (잠 14:12~13).

그렇다면 이처럼 짧은 인생을 가치 있게 살아가는 원리는 무엇입니까? 우리는 건강할 때, 시간이 있을 때, 정신이 맑을 때, 인생을 깊이 음미해야 합니다. 그리고 순간순간을 소중하게 여기면서 살아야 합니다. 헛된 곳에 시간과 정력을 허비하지 말고, 가장 가치 있는 곳에 투자해야 합니다. 무엇보다도 살과 같이 빨리 흘러가는 인생을 하나님의 영광을 위하여 살아야 합니다. 왜냐하면 "이 세상도 그 정욕도 지나가되, 오직 하나님의 뜻을 행하는 이는 영원히 거하기" 때문입니다 (요일 2:17).

3. 신앙의 원리

이 족보가 우리에게 주는 세 번째의 교훈은 신앙의 원리입니다. 이미 말씀드린 대로, 예수 그리스도의 족보는 세 부분으로 나뉩니다. 첫 번째 부분은 무(無)에서 유(有)를 창조하는 내용입니다. 아브라함이 이삭을 낳을 때는 자녀를 생산할 수 없는 상태였습니다. 아브라함의 후손은 기껏해야 평범한 사람들이요, 또 많은 사람들은 부족하고 부정한 사람들이었습니다.

그러나 그들이 스스로 연약하고, 부족하고, 부정한 사람들이라는 사실을 시인하고, 하나님과 사람들 앞에서 겸손했습니다. 하나님은 이처럼 겸손한 사람들을 통해 역사하셨습니다. 그들을 통하여 이스라엘 최대의 왕 다윗이 배출되었습니다. 바로 이것이 제 1의 신앙 원리입니다. "자기를 낮추는 자는 높아지리라" (눅 14:11). "겸손한 자들에게는 은혜를 주시느니라" (벧전 5:5).

제 2의 신앙 원리는 6b~11절에서 찾을 수 있습니다. 이 부분에 열거된 사람들은 모두 왕이었습니다. 이 왕들에게 공통점이 있다면 그것은 교만입니다. 다윗 왕은 너무나 교만해져서 간음과 살인죄를 범했습니다. 솔로몬은 온갖 우상과 1,000명의 아내를 거느렸습니다. 르호보암은 너무나 교만한 나머지 노인들의 훈계를 무시하고 젊은이들의 의견을 따랐습니다. 그 결과 그는 나라를 반이나 잃었습니다.

아하스, 므낫세, 여고냐는 마음대로 우상을 섬겼습니다. 이처럼 왕들이 하늘 높은 줄 모르고 교만해졌습니다. 하나님은 더 이상 그들의 교만을 방관하실 수 없었습니다. 하나님은 마침내 그들을 향하여 징계와 심판의 칼을 빼셨습니다. 바벨론으로 하여금 그 나라를 멸망시키게 하셨습니다. 그들은 영광과 나라를 잃고 우상을 섬기는 나라로 끌려가서 종살이를 하다가 죽었습니다. 그렇습니다! "하나님이 교만한 자를 대적하시되" (벧전 5:5). 이것이 바로 제2의 신앙 원리입니다. 우리들은 이 족보를 통해 이런 신앙의 원리를 마음에 새기고 늘 겸비한 자세를 유지해야 합니다.

제 3의 신앙 원리는 12~16절에서 찾을 수 있습니다. 여기에 열거된 사람들은 하나님도 없는 우상의 나라 바벨론에 잡혀가서 이름도 없이 비참한 삶을 산 사람들입니다. 그러나 그들이 인간적으로 이처럼 천하고 낮은 데로 떨어져서 아무런 소망도 없어 보일 때, 그들에게 예수 그리스도가 태어나셨습니다. 이런 사실은 우리에게 어떤 신앙의 원리를 가르쳐 줍니까?

우리는 인간적으로 처절할 정도로 낮아질 수 있습니다. 전후좌우를 살펴보아도 아무런 소망이 보이지 않는 구덩이에 빠질 수 있습니다. 그러나 하나님은 바로 이런 자들을 위하여 그 아들 예수 그리스도를 주십니다. 많은 사람들이 이처럼 낮아졌을 때 예수 그리스도를 구세주로 믿고 변화되는 것을 볼 수 있는 이유가 바로 여기에 있습니다. 그렇다면 이미 예수 그리스도를 구주로 믿은 사람들은 어떻습니까? 그들을 위해서도 하나님은 그 아들 예수 그리스도를 주십니다.

예수님은 이렇게 말씀하신 적이 있습니다, "상한 갈대를 꺾지 아니하며, 꺼져 가는 심지를 끄지 아니하리라" (마 12:20). 그렇습니다! 예수 그리스도는 낮아질 대로 낮아진 사람들에게서 태어나셨습니다. 마찬가지로, 우리가 환경적으로나, 경제적으로나, 건강적으로나 낮아질 대로 낮아졌다면, 예수 그리스도를 깊이 만날 수 있는 시기입니다. 좌절하지 말고, "믿음의 주요 또 온전케 하시는 이인" 예수 그리스도를 의지하는 시기입니다 (히 12:2). 그렇게 될 때 진정한 회복이 있습니다.

III. 결론

우리는 예수 그리스도의 족보를 통하여 세 가지 원리를 생각해 보았습니다. **첫 번째** 교훈은 *가정의 원리*입니다. 우리는 모두 우리의 가정에서 훌륭한 인물들이 배출되기를 바랍니다. 그런 이유 때문에 많은 한국 부모들은 자녀들을 위하여 모든 것을 희생할 각오를 가지고 있습니다. 많은 돈을 드려 과외를 시킵니다. 일류 대학에 자녀를 보내려고 온갖 노력을 다합니다.

물론 모든 노력을 경주하여 자녀에게 훌륭한 교육도 시켜야 합니다. 그러나 그것만으로 훌륭한 인물이 배출된다면 한국만큼 훌륭한 인물을 많이 가진 나라도 이 세상에는 없을 것입니다. 그런 노력만으로는 부족하다는 사실을 우리 모두는 압니다. 그러면 우리에게 필요한 것은 무엇입니까? 예수 그리스도입니다! 그분을 우리 가정의 중심에 모셔야 합니다. 그리할 때 우리는 위로 하나님을 경외하며, 아래로 사람들을 사랑하는 훌륭한 인물들을 키워낼 수 있습니다. 신앙의 유산을 물려주는 것만큼 위대한 자녀 교육은 없습니다!

예수 그리스도의 족보가 가르치는 **두 번째** 교훈은 *인생의 원리*입니다. 우리는 모두 생일을 귀하게 여깁니다. 그러나 한 번 태어난 인생은 반드시 죽는 날이 오고야 맙니다. 한계 있는 인생을 살아가는 우리입니다. 그런 이유 때문에 우리는 매순간을 귀하게 여기면서 선용해야 합니다. 그렇지 않다면 하나밖에 없는 인생을 낭비할 수도 있습니다.

그러나 무엇보다도 우리는 죽을 준비를 잘 해야 합니다. 어떻게 하는 것이 죽을 준비를 잘 하는 것입니까? 먼저는 예수 그리스도를 구세주로 영접해야 합니다. 그분을 모시지 않은 인생은 너무나 많은 한계 속에서 삽니다. 그뿐 아닙니다! 우리는 매일 예수 그리스도를 우리의 삶의 중심에 놓고 살아야 합니다. 경건의 시간을 통하여 그분을 만나야 합니다. 예수 그리스도를 드러내는 삶을 영위해야 합니다.

예수 그리스도의 족보가 가르치는 **세 번째** 교훈은 *신앙의 원리*

입니다. 바벨론에서 나왔다가 다시 바벨론으로 돌아간 예수 그리스도의 족보는 과연 우리에게 깊은 신앙의 원리를 제공하고도 남습니다. 아브라함이 살다가 나온 곳은 갈대아 우르, 곧 바벨론이었습니다. 하나님을 의지해서 우상의 나라로부터 나올 수 있었습니다. 그리고 위대한 왕국을 이루었습니다. 그러나 이스라엘 백성, 특히 그 백성을 다스리는 왕들이 교만에 빠지자 다시 바벨론의 포로가 되었습니다.

우리도 마찬가지입니다! 만일 우리의 배경이 연약하고, 부족하고, 부정하다면, 우리는 예수 그리스도가 주시는 축복을 받을 준비가 되어 있는 것입니다. 우리가 하나님과 사람들 앞에서 부족하다는 것을 느끼고 스스로 겸비한다면 우리는 그분의 임재와 인도를 받을 수 있습니다. 왜냐하면 예수 그리스도는 죄인들의 친구이시며, 병든 자들을 위한 의사이시기 때문입니다 (마 9:12~13).

그러나 만에 하나, 우리가 영적으로 교만해지면 빨리 회개해야 합니다. 하나님은 교만한 자들을 대적하실 뿐 아니라, 물리치시기 때문입니다. 그렇다면 무엇이 교만입니까? 하나님의 뜻보다도 나의 뜻을 앞세우는 것이 바로 교만의 시발점입니다. 우리들은 항상 하나님 앞에 무릎을 꿇고 하나님의 뜻을 기다릴 수 있어야 합니다. 그리고 하나님의 뜻을 찾으면, 즉각적으로 순종해야 합니다. 하늘나라의 영광을 버리고 인간이 되신 예수 그리스도, 죄인처럼 십자가에서 처절한 죽음을 맛보신 예수 그리스도—그분의 겸손을 우리의 모델로 삼는 우리 모두가 되십시다.

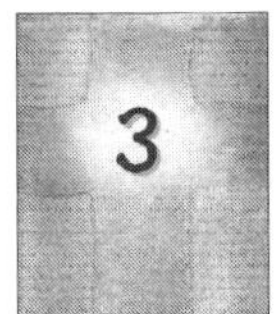

예수 그리스도의 탄생 (1)

"예수 그리스도의 나심은 이러하니라. 그 모친 마리아가 요셉과 정혼하고 동거하기 전에 성령으로 잉태된 것이 나타났더니, 그 남편 요셉은 의로운 사람이라. 저를 드러내지 아니하고 가만히 끊고자 하여, 이 일을 생각할 때에, 주의 사자가 현몽하여 가로되, '다윗의 자손 요셉아, 네 아내 마리아 데려오기를 무서워 말라. 저에게 잉태된 자는 성령으로 된 것이라. 아들을 낳으리니, 이름을 예수라 하라. 이는 그가 자기 백성을 저희 죄에서 구원할 자이심이라' 하니라. 이 모든 일의 된 것은 주께서 선지자로 하신 말씀을 이루려 하심이니, 가라사대, '보라 처녀가 잉태하여 아들을 낳을 것이요, 그 이름은 임마누엘이라 하리라' 하셨으니, 이를 번역한즉 '하나님이 우리와 함께 계시다' 함이라. 요셉이 잠을 깨어 일어나서 주의 사자의 분부대로 행하여 그 아내를 데려왔으나, 아들을 낳기까지 동침치 아니하더니 낳으매 이름을 예수라 하니라."

마태복음 1:18~25

I. 서론

마태복음 1장은 예수 그리스도의 족보입니다. 그 족보의 시작은 아브라함이었고, 중간에 하나님이 귀하게 사용하신 다윗을 징검다리처럼 거쳐서 예수 그리스도가 탄생하셨습니다. 그 사이에 열거된 모든 사람들도 예수 그리스도의 탄생을 위한 중요한 고리 역할을 했습니다. 그러나 그 족보의 절정은 역시 예수 그리스도입니다. 왜냐하면 그 족보에 언급된 모든 사람들은 그 족보의 주인공이신 예수 그리스도를 탄생시킨 도구들이기 때문입니다.

예수 그리스도의 탄생만큼 인류 역사에 큰 파문과 영향을 끼친 분은 일찍이 없었습니다. 그분은 지구상의 한 가운데인 중동(中東)인 이스라엘에서 태어나셨습니다. 그분의 탄생은 역사의 장을 갈라놓았습니다. 그분이 태어난 시점을 중심으로 역사는 B.C.와 A.D.로 나뉘었습니다. B.C.는 그리스도의 탄생 이전을 가리키는 *Before Christ*를 의미하고, A.D.는 그분의 탄생 이후를 가리키는 *Anno Domini*(Year of the Lord)를 의미합니다.

예수 그리스도의 탄생은 이처럼 지리와 역사의 한 가운데를 차지했을 뿐 아니라, 많은 사람들에게 엄청난 영향을 끼쳤습니다. 그분을 만난 죄인들은 성자가 되었습니다. 노예와 여자의 신분이 높아지면서 인간의 존엄성이 고취되었습니다. 사회에도 많은 변화를 일으켰습니다. 그분 때문에 수많은 고아원, 병원 및 학교가 세워졌습니다. 이화여자고등학교, 이화여자대학교, 연세대학교 등도 역시 예수 그리스도 때문에 생겨난 결과의 일부입니다.

II. 본론

　본문인 마태복음 1장 18~25절은 이처럼 위대한 예수 그리스도의 탄생이 기록된 부분입니다. 그런데 그 내용을 자세히 살펴보면, 예수 그리스도의 탄생에서 삼위일체이신 성부와 성자와 성령이 각각 어떤 역할을 담당하셨는지 그 사실을 찾아볼 수 있습니다. 왜냐하면 그분의 탄생은 위로 하나님에게는 물론, 아래로 인간들에게 너무나 중요한 사건이기 때문입니다.

　하나님은 중요한 역사를 위하여 종종 삼위로 개입하십니다. 천지창조에도 성부, 성자, 성령이 함께 역사하셨습니다. 예수 그리스도가 처음으로 하나님의 아들로 선포될 때도 삼위가 동시에 임재하셨습니다 (마 3:16~17). 예수 그리스도가 죽음에서 다시 살아나실 때도 역시 삼위의 역사였습니다. 그뿐 아니라, 모든 족속을 제자로 삼아 세례를 줄 때도 제자들은 삼위의 이름으로 시행해야 했습니다 (마 28:19). 그리스도인들에게 은사를 나누어 주실 때도 역시 삼위이신 성부, 성자, 성령이 하셨습니다.

　예수 그리스도의 탄생은 위의 모든 역사 못지않게 중요한 사건이었습니다. 왜냐하면 그분은 분명한 목적을 가지고 이 세상에 탄생하셨기 때문입니다. 그분의 탄생은 성부 하나님의 임재를 의미했습니다. 그리고 그분의 탄생은 성령의 역사로 이루어진 초자연적인 사건이었습니다. 이제, 삼위의 역사 가운데서 특별히 성령의 역할과 역사를 살펴보고자 합니다. 그리고 후에 성자와 성부의 역할을 고찰해 보려 합니다.

1. 탄생의 배경

먼저, 예수 그리스도가 탄생된 배경을 살펴보기 위하여 18~20절을 다시 보겠습니다: "예수 그리스도의 나심은 이러하니라. 그 모친 마리아가 요셉과 정혼하고 동거하기 전에 *성령*으로 잉태된 것이 나타났더니, 그의 남편 요셉은 의로운 사람이라. 저를 드러내지 아니하고 가만히 끊고자 하여 이 일을 생각할 때에, 주의 사자가 현몽하여 가로되, '다윗의 자손 요셉아, 네 아내 마리아 데려오기를 무서워하지 말라. 저에게 잉태된 자는 *성령*으로 된 것이라.'"

이 본문을 잘 이해하기 위해서는 그 당시 유대인들의 결혼 관습을 알 필요가 있습니다. 유대인들은 3단계를 거쳐 결혼을 합니다. 첫째는 약혼의 단계로, 대개 부모나 중매자의 소개로 당사자들이 어렸을 때 이루어집니다. 종종 그들은 서로를 알지도 보지도 못한 상태에서 약혼을 합니다. 그 이유는 너무나 중요한 결혼 문제를 어린 당사자들에게 맡길 수 없다는 사고 때문이었습니다.

둘째 단계는 정혼입니다. 정혼은 약혼을 법적으로 확인하는 절차라고 할 수 있습니다. 이 때에 본인들이 원치 않을 경우 약혼을 깨뜨릴 수도 있습니다. 그러나 일단 정혼하면 법적으로 구속력을 갖게 됩니다. 비록 당사자들은 일년을 기다린 후에 결혼식을 올리고 함께 살지만, 그래도 정혼하면 그들은 법적으로 부부입니다. 그들은 정식으로 이혼 절차를 거치지 않으면 헤어질 수도 없습니다.

　본문에 나오는 요셉과 마리아는 정혼한 단계에 있었습니다. 그런 이유 때문에 마리아는 요셉의 아내로, 그리고 요셉은 남편으로 불렸습니다. 그들은 이제 결혼식만을 남겨 놓은 법적으로 정식 부부였던 것입니다. 그러니까 그들은 아직은 함께 살지 않았습니다. 그런데 마리아가 잉태했다는 소문이 요셉에게까지 들려온 것이었습니다. 다시 말해서, 마리아가 부도덕한 행위를 범했다는 것입니다. 이것은 심각한 범죄입니다! 그런 이유 때문에 율법은 그런 여자를 돌로 쳐서 죽이라고 명합니다 (신 22:23~24).

　그러나 요셉은 이처럼 가혹하게 마리아를 처벌하기를 원하지 않았습니다. 법적으로 이혼 절차를 밟고 조용히 헤어지기를 원했습니다. 그 이유는 요셉이 의로운 사람이었기 때문입니다. 여기에서 "의로운 사람"이란 의미는 율법을 문자적으로 적용하기보다는 그 의미를 깨닫고 실천하는 사람이라는 뜻입니다. 율법이 주어진 목적은 심판을 강조하기보다는 그런 심판을 통하여 이스라엘이 정결을 유지하라는 것입니다.

　요셉이 이혼의 절차를 생각하고 있을 때 주의 천사가 나타났습니다. 그리고 마리아를 아내로 데려오기를 두려워하지 말라고 부탁했습니다. 무엇을 근거로 이혼을 막았습니까? 그 근거는 마리아가 잉태한 것은 어떤 인간과의 부정한 관계 때문이 아니라, 성령의 역사 때문이라는 것이었습니다. 본문에서 *성령으로*라는 표현이 두 번씩 언급되면서 성령의 역사로 잉태된 사실을 강조합니다. 그렇다면 왜 예수 그리스도의 탄생은 성령으로 이루어졌습니까?

2. 새로운 창조

성령은 창조의 역사와 깊은 관련이 있습니다. 하나님은 삼라만상(森羅萬象)을 창조하실 때 말씀으로 하셨습니다 (요 1:4). 그러나 하나님은 동시에 성령을 통하여 창조하셨습니다. 하나님이 천지를 창조하셨을 때 하나님의 신(神)은 수면에서 역사하셨다고 성경은 말씀합니다 (창 1:2). 시편의 말씀도 이 사실을 확인합니다: "여호와의 말씀으로 하늘이 지음이 되었으며, 그 만상이 그 입 기운으로 이루었도다" (시 33:6). 물론 이 말씀에서 *그 입 기운*은 하나님의 영을 가리킵니다 (시 104:30 참조).

그렇습니다! 성령은 창조자요, 동시에 우리에게 생명을 주시는 분이십니다 (욥 33:4). 하나님은 첫 인간을 창조하실 때도 당신의 생기를 그 코에 불어넣어 주셨습니다 (창 2:7). 마찬가지로, 예수 그리스도가 성령으로 잉태되셨다는 것은 *창조*의 역사를 강조합니다. 성경에는 이처럼 성령의 역사로 불가능을 가능으로 바꾼 창조의 역사가 많이 기록되어 있습니다. 아브라함의 아내 사라가 이삭을 잉태하고 낳은 것도 역시 성령의 역사였습니다. 늙은 엘리사벳이 세례 요한을 잉태한 것도 마찬가지였습니다.

성령은 인간의 이성과 과학을 초월하여 역사하시며, 이런 역사는 인간의 눈에 신비로 비쳐집니다. 이처럼 초자연적인 성령의 역사로 잉태된 예수 그리스도의 탄생은 기적일 뿐 아니라, 우리 인간과는 전혀 다른 탄생이라는 사실을 가리킵니다. 그분의 탄생은 거룩한 것이며, 아울러 처음부터 범인(凡人)과는 전혀 다른 인생이었습니다. 우리 인간은 죄악 가운데서 태어나 죄악 가운데서 죽지만, 그분은 죄 없이 태어나서 죄 없는 인생을 사셨습니다.

성령에 의한 예수 그리스도의 잉태는 동시에 *재창조*의 역사를 의미합니다. 왜냐하면 그분의 탄생은 죄로 인하여 영적으로 죽은 영혼들을 다시 살리기 위한 것이기 때문입니다. 우리도 알듯이, 첫 인간 아담과 하와가 교만과 불순종을 통하여 죄를 범했을 때 그들 안에 내재하던 성령이 그들을 떠났습니다. 그 이후 모든 인간은 영적으로 죽은 상태로 태어나서 살고 있습니다. 예수 그리스도는 그들을 다시 살리시기 위하여 이 세상에 오셨습니다. 그런 목적을 위하여 성령으로 잉태된 예수 그리스도는 영적으로 죽은 사람들을 다시 살리실 수 있습니다.

에스겔 37장에 보면 많은 뼈들이 여기저기에 흩어져 있었습니다. 그 때 하나님이 당신의 생기를 불어넣으심으로 뼈들이 살아나서 큰 군대를 이루었습니다 (겔 37:10). 물론 그 때 사용된 생기는 성령을 가리킵니다. 성령의 역사로 인하여 영적으로 죽은 이스라엘 백성이 다시 살아난다는 사실을 보여 주는 장면입니다. 그렇습니다! 영적으로 죽은 영혼들이 살아나는 방법은 성령의 역사로만 가능합니다.

예수 그리스도가 성령으로 잉태되신 목적은 너무나 분명합니다. 위에서 이미 언급한 것처럼, 모든 인간은 영적으로 죽은 상태로 살다가 마침내 죽음을 경험합니다. 그리고 영원한 심판이 그들을 기다리고 있습니다. 그러나 그들을 심판하기 전에 하나님은 그들에게 영적으로 다시 살 수 있는 기회를 주셨습니다. 그 기회가 바로 예수 그리스도를 통해서입니다. 왜냐하면 성령으로 잉태하신 예수 그리스도를 믿는 사람들에게 그분은 성령으로 거듭나게 하시기 때문입니다.

3. 새로운 진리

그 다음, 성령은 진리의 영이십니다. 예수 그리스도도 성령을 진리의 영이라고 부르셨습니다 (요 14:17). 왜 성령이 진리의 영이십니까? 그 이유는 간단합니다! 성령은 성도들에게 여러 가지의 진리를 가르쳐 주시기 때문입니다. 예를 들면, 성령은 성도들에게 전도할 수 있는 진리를 주셨습니다. 성령은 성도들에게 살아가는 방법도 알려 주십니다. 그런 성령의 역사로 예수 그리스도가 잉태되셨다는 사실은 우리에게 시사(示唆)하는 바가 적지 않습니다.

인간은 무지로 인하여 영적으로 눈이 멀었으나, 아무도 그것을 알려 주지 못합니다. 인간은 편견 때문에 길을 잃었으나, 올바른 길을 제시하는 사람도 없습니다. 인간의 마음은 죄로 인하여 어두워졌으나, 아무도 그 마음을 열어 주지 못합니다. 그와 같은 모든 사실을 알려줄 뿐 아니라, 그런 것들을 시정해 주시는 분이 바로 성령으로 잉태된 예수 그리스도이십니다. 인간의 눈을 열어 주시고 올바른 길을 제시하시고자 이 세상에 오신 예수 그리스도는 성령으로 잉태되시지 않으면 안 되었습니다.

성령으로 잉태되신 예수 그리스도는 무엇보다도 하나님에 대하여 알려 주십니다. 그분이 이 세상에 오시기 전에는 사람들이 하나님에 대하여 여러 가지로 억측을 했습니다. 그뿐 아닙니다! 많은 사람들이 하나님에 대하여 잘못된 선입견을 가지고 있었습니다. 그러나 그분이 오심으로 사람들은 하나님을 분명히 알 수 있게 되었습니다. 왜냐하면 예수 그리스도는 하나님의 형상이시기 때문입니다 (히 1:2).

성령으로 잉태된 예수 그리스도는 하나님의 진리를 깨닫게 해 주실 뿐 아니라, 그 진리를 우리의 삶에 적용하게 하십니다. 만일 우리가 하나님의 진리를 깨닫고, 그리고 거기서 중단한다면, 그것은 이미 진정한 진리일 수는 없습니다. 진정한 진리는 우리의 머리를 지배할 뿐 아니라, 우리의 사고와 행위를 지배할 수 있어야 합니다. 그런 이유 때문에 성령으로 잉태된 예수 그리스도는 우리의 삶을 성령으로 지배하십니다.

예수 그리스도로 인하여 영적으로 죽어 있다는 사실을 진정으로 깨닫는다면, 우리는 어떻게 해서든지 그 문제를 해결하고자 할 것입니다. 우리는 그 원인이 바로 하나님을 떠난 죄에 있다는 것을 인정합니다. 그리고 그 죄의 문제와 영적 죽음이 문제를 해결하기 위하여 울부짖게 됩니다. 우리의 죄들을 시인하게 됩니다. 시인할 뿐 아니라, 그 죄들을 버리고자 하는 강한 욕망을 갖게 됩니다. 그것이 바로 회개입니다!

이렇게 회개하며 영적 죽음의 문제를 해결하고자 할 때 성령으로 잉태된 예수 그리스도는 우리를 십자가 앞으로 인도하십니다. 우리는 십자가 위에서 몸과 피를 내놓으신 예수 그리스도의 죽음이 바로 우리를 위한 희생이었다는 사실을 깨닫게 됩니다. 그리고 감사하는 마음으로 그분을 우리의 마음속에 영접합니다. 그리할 때 예수 그리스도는 우리의 모든 죄를 용서하실 뿐 아니라, 우리 마음속에 성령으로 들어오심으로 우리를 영적으로 거듭나게 하십니다.

III. 결론

성령으로 예수 그리스도가 잉태되었다는 사실은 너무나 중요합니다. 구약성경은 반복적으로 죄의 해방과 성결의 역사를 성령의 임재의 결과라고 강조합니다 (사 61:1, 렘 31:33, 겔 36:26). 그러므로 성령의 임재로 예수 그리스도가 잉태되고 또 탄생되었다는 것은 그분을 통하여 구약성경의 약속들, 곧 죄의 해방과 성결의 역사를 성취하겠다는 하나님의 뜻을 담고 있습니다.

우리는 예수 그리스도가 성령으로 탄생되셨다는 사실을 통하여 다음과 같은 몇 가지 교훈을 얻을 수 있을 것입니다. **첫째** 교훈은 예수 그리스도가 비록 초자연적인 성령의 역사로 잉태되고 탄생되었지만, 그래도 하나님은 인간들을 통하여 그 역사를 이루셨다는 사실입니다. 물론 여기에서 사용된 사람은 요셉과 마리아였습니다. 그들은 인류의 구세주를 탄생시키는 데 너무나 중요한 역할을 감당하였습니다.

먼저, 마리아는 어떤 역할을 감당했습니까? 마리아는 예수 그리스도를 잉태하고 탄생시킨 인간적인 그릇이 되었습니다. 이처럼 중요한 역할을 감당하게 하기 위하여 하나님은 마리아를 강제로 택하셨습니까? 물론 아닙니다! 마리아에게서 배울 수 있는 사실은 그녀의 *굴복*입니다. 그 당시 정혼한 여인이 임신을 하는 것은 이미 살펴본 대로 수치와 죽음을 의미했습니다.

그럼에도 불구하고 마리아는 자신의 인간적인 뜻을 포기하고 하나님의 뜻에 굴복했습니다. 아들을 주겠다는 가브리엘 천사의 말에 마리아는 이렇게 반응했습니다, "나는 사내를 알지 못하니, 어찌 이 일이 있으리이까?" (눅 1:34) 그러나 성령의 임재로 아들을 잉태하리라는 천사의 말에 마리아는 순수하게 하나님의 뜻을 받아들였습니다, "주의 계집종이오니, 말씀대로 내게 이루어지이다" (눅 1:38). 우리도 하나님의 뜻에 조건 없이 굴복할 때 하나님은 우리를 통하여 영혼을 변화시키는 도구가 될 수 있습니다.

그 다음, 요셉은 어떤 역할을 감당했습니까? 이미 살펴본 대로, 그는 율법을 감정과 복수심으로 사용하지 않았습니다. 그는 율법의 정신을 이해했기 때문에 모든 감정을 억제하였습니다. 그는 부도덕한 여인이라고 여겨진 마리아에게 최대한의 호의를 베풀려고 했습니다. 한 마디로 실수한 사람들을 위한 깊은 배려였습니다. 그러한 깊은 배려 때문에 하나님은 그를 선택하여 예수 그리스도의 양부(養父)가 되게 하셨을 것입니다.

그뿐 아닙니다! 요셉도 마리아처럼 하나님의 뜻에 *굴복*했습니다. 주의 사자가 그에게 꿈으로 마리아가 잉태한 것은 성령 때문이라고 알려 주었습니다. 성령의 역사에 대하여 그는 논리적으로나 아니면 과학적으로 논쟁하지 않았습니다. 그는 즉각적으로 순종하고 마리아를 아내로 맞아들였습니다. 인류의 구세주이신 예수 그리스도의 탄생은 성령을 통해 이루어졌습니다. 그러나 요셉과 마리아의 굴복이 없었다면 결코 가능하지 않은 사건이었습니다.

둘째 교훈은 성령은 *창조*와 *재창조*의 역사를 이루시는 분이라는 사실입니다. 특히 죄와 허물을 인하여 영적으로 죽은 영혼들을 살리시는 재창조의 역사를 이루시는 분입니다. 우리는 이미 그런 성령의 재창조의 역사를 경험하고 거듭난 그리스도인들입니다. 그렇다면 우리도 영혼들을 살려내는 재창조의 역사에 일익을 담당하지 않으면 안 될 것입니다. 어떻게 하면 그 재창조의 역사에 참여할 수 있습니까?

먼저, 우리도 성령의 도구가 되기 위하여 깨끗한 그릇이 되어야 합니다. 왜냐하면 깨끗하지 않으면 성령은 역사하시지 않기 때문입니다. 그 다음, 우리는 주변에 있는 불신자들, 곧 죄악 가운데 살면서 영적으로 죽은 사람들의 구원을 위하여 기도해야 합니다. 기도하지 않으면 어떻게 성령의 도구가 될 수 있겠습니까? 마지막으로, 우리는 그들에게 찾아가서 예수 그리스도를 소개하고, 전도해야 합니다. 그렇지 않으면 어떻게 그들이 예수 그리스도를 그들의 구세주로 받아들일 수 있겠습니까?

셋째 교훈은 성령은 우리에게 진리를 깨닫게 하실 뿐 아니라, 그 진리를 우리의 삶에 *적용시키는* *분*이라는 사실입니다. 성령으로 잉태되고 탄생되신 예수 그리스도를 구세주로 받아들인 사람들은 확실히 그리스도인이 되었습니다. 그렇다면 우리는 그리스도인다운 삶을 영위해야 합니다. 어떻게 하면 우리가 그리스도인다운 삶을 살 수 있습니까? 무엇보다도 우리는 *진리*인 하나님의 말씀을 사모해야 합니다. 베드로가 거듭난 그리스도인들에게 부탁한 대로입니다: "너희는 순전하고 신령한 젖을 사모하라. 이는 이로 말미암아 너희로 구원에 이르도록 자라게 하려 함이라" (벧전 2:2).

그리스도인의 삶의 규범은 하나님의 말씀입니다. 우리가 말씀을 읽고 묵상하면서, 그리고 그 말씀을 삶에 적용하면서 살아야 합니다. 그렇지 않다면 우리는 그리스도인이라고 할 수 없습니다. 그리스도인은 교회만 오가는 사람들이 아닙니다. 그리스도인은 말씀의 가르침을 따르는 사람들이기 때문에 그리스도인이 아닌 사람들과는 다릅니다. 다른 면을 그들에게 보여 주면서 영향을 미치는 사람들입니다.

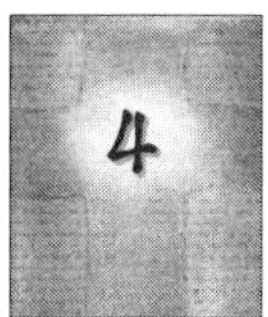

예수 그리스도의 탄생 (2)

"예수 그리스도의 나심은 이러하니라. 그 모친 마리아가 요셉과 정혼하고 동거하기 전에 성령으로 잉태된 것이 나타났더니, 그 남편 요셉은 의로운 사람이라. 저를 드러내지 아니하고 가만히 끊고자 하여, 이 일을 생각할 때에, 주의 사자가 현몽하여 가로되, '다윗의 자손 요셉아, 네 아내 마리아 데려오기를 무서워 말라. 저에게 잉태된 자는 성령으로 된 것이라. 아들을 낳으리니, 이름을 예수라 하라. 이는 그기 자기 백성을 저희 죄에서 구원할 자이심이라' 하니라. 이 모든 일의 된 것은 주께서 선지자로 하신 말씀을 이루려 하심이니, 가라사대, '보라 처녀가 잉태하여 아들을 낳을 것이요, 그 이름은 임마누엘이라 하리라' 하셨으니, 이를 번역한즉 '하나님이 우리와 함께 계시다' 함이라. 요셉이 잠을 깨어 일어나서 주의 사자의 분부대로 행하여 그 아내를 데려왔으나, 아들을 낳기까지 동침치 아니하더니 낳으매 이름을 예수라 하니라."

마태복음 1:18~25

I. 서론

모든 인간은 이 세상에 태어나서 그 이름과 생일이 호적에 기록됩니다. 그리고 그의 인생을 다 마친 후 자서전이 기록됩니다. 그러나 인류 역사에서 한 사람만은 예외였는데, 바로 예수 그리스도이십니다. 그분의 호적과 자서전은 탄생 이전에 이미 기록되었고, 그리고 그 기록대로 그분은 태어나시고 또 사셨습니다. 역사상 전무후무(前無後無)한 그분의 탄생과 인생은 과연 놀라울 뿐입니다!

실례를 몇 가지만 들어보겠습니다. 예수 그리스도는 700여 년 전에 구약성경에서 이미 기록된 대로 베들레헴에서 태어나셨습니다 (미 5:2). 그뿐 아닙니다! 그분은 약 500여 년 전에 기록된 대로 태어나셨고 (단 9:26~27), 또 700여 년 전에 예언되고 기록된 방법대로 동정녀에게서 태어나셨습니다 (사 7:14). 그 후 그분은 역시 이미 구약성경에서 기록된 대로 사셨습니다.

II. 본론

1. 이름

그런데 또 한 가지 놀라운 사실이 있는데, 그것은 그분의 이름이었습니다. 그분이 태어나기도 전에 이미 이름이 주어졌습니다. 먼저 그분의 이름은 육신의 어머니인 마리아에게 주어졌습니다.

가브리엘 천사가 그녀에게 임하여 이렇게 말했습니다, "보라, 네가 수태하여 아들을 낳으리니, 그 이름을 예수라 하라" (눅 1:31). 물론 예수라는 이름은 마리아가 임신하기도 전에 주어진 이름입니다.

마침내 마리아가 임신했다는 소식이 그녀의 법적 남편인 요셉에게 들렸습니다. 요셉이 그 말을 듣고 고민 중에 있는데, 주의 사자가 그에게 임했습니다. 그리고 그에게 마리아가 성령으로 잉태한 것에 대해 두려워할 필요가 없다고 하면서, 그 잉태된 아들의 이름을 알려 주었습니다. 그 이름이 바로 예수였습니다. 결국, 예수라는 이름은 시기는 달랐지만, 그래도 마리아와 요셉에게 각각 주어졌습니다. 그런데 마리아에게는 예수가 다윗의 위를 차지할 영원한 왕이 되시리라는 약속도 덧붙였습니다.

그러나 요셉에게 주어진 약속은 마리아에게 주어진 약속과는 상당히 달랐습니다. 그 약속에는 왕과 같은 통치자는 전혀 언급되지 않았습니다만, 그래도 그 이름의 의미를 보다 직접적으로 언급하고 있는 표현이 있습니다. 그 의미를 보기 위하여 21절을 다시 보겠습니다: "아들을 낳으리니, 이름을 예수라 하라. 이는 그가 자기 백성을 저희 죄에서 구원할 자이심이라."

이 말씀에 의하면, 예수는 구원할 자, 곧 구주이십니다. 그러니까 예수라는 이름과 구원은 불가분의 관계에 있다는 표현입니다. 사실, 예수를 히브리어로 번역하면 여호수아이며, 그 의미는 "여호와 또는 주님이 구원이시다"입니다. 그런데 바로 예수가 구주와 주님으로 오신 것입니다. 누가는 이런 이중적인 의미를 잘 표현했

습니다: "오늘날 다윗의 동네에 너희를 위하여 *구주*가 나셨으니, 곧 그리스도 *주*시니라" (눅 2:11).

그렇다면 *예수*의 의미는 유대인들에 의하여 오랫동안 사용된 이름임에 틀림없습니다. 예수는 그 이름대로 유대인들의 *구주*로 오셨습니다. 뿐만 아닙니다! 예수는 그 이름대로 유대인들의 *주님*으로 오셨습니다. 예수는 마리아와 요셉이 천사로부터 전해 듣기 전부터 널리 알려지고 또 기다려진 이름이었습니다. 그러다가 마침내 하나님의 때가 되어 그 의미를 구현(俱現)하시려고 예수는 여자로부터 탄생하셨던 것입니다 (갈 4:4).

2. 죄

예수님이 여자로부터 탄생하신 목적은 분명한데, 곧 "자기 백성을...구원하시기" 위해서입니다. 여기에서 *자기 백성*은 두말할 필요도 없이 유대인을 가리킵니다. 그런 이유 때문에 예수님은 당신의 사명을 이렇게 말씀하신 적이 있습니다: "나는 이스라엘 집의 잃어버린 양 외에는 다른 데로 보내심을 받지 아니하였노라" (마 15:24). 그리고 구원받은 유대인들을 통하여 모든 민족을 구원하는 것이 하나님의 뜻이었습니다.

그러면 예수님은 유대인들을 무엇으로부터 구원하십니까? 두말할 필요도 없이 그들의 죄로부터 구원하십니다. 그 당시 유대인들은 로마로부터 해방시켜 주실 메시야를 기다리고 있었습니다. 그러면서도 그들이 인정하기를 원하지 않은 사실이 하나 있었습니다. 그것은 그들의 죄악 때문에 바벨론의 속국이 되었고, 그 이후 많은 나라의 지배를 받다가 마침내는 로마의 종이 되었다는 사실이었습니다.

그렇게 된 배경으로 하나님은 유대인들의 죄악을 일일이 열거하신 적이 있습니다. 그들은 부모를 업신여겼고, 나그네를 학대하였으며, 고아와 과부를 해롭게 하였고, 성물과 안식일을 업신여겼으며, 형제 사이에 이간을 붙였고, 여러 가지 입에 담기 어려운 음란에 빠졌으며, 뇌물을 주고받았고, 변전과 이식을 통하여 이웃을 모질게 대했습니다. 이런 모든 죄악들은 한 마디로 하나님을 잊어버린 행위였다고 하나님은 결론을 내리셨습니다 (겔 22:6~12).

하나님은 이처럼 각종의 죄악을 밥 먹듯이 범한 유대인들을 심판하셨습니다. 그 심판이 바로 다른 열강(列強)들의 속국이 되는 것이었습니다. 하나님의 말씀을 직접 들어보십시오: "내가 너를 열국 중에 흩으며, 각 나라에 헤치고, 너의 더러운 것을 네 가운데서 멸하리라. 네가 자기 까닭으로 열국의 목전에서 수치를 당하리니, 나를 여호와인 줄 알리라 하셨다 하라" (겔 22:15~16).

결국, 유대인들이 필요로 하는 것은 해방자가 아니라, 그들의 죄 문제를 해결해 주는 구주였습니다. 그들은 무엇보다도 죄의 문제를 해결해야 합니다. 그들이 죄의 문제를 해결하면 자연히 하나님과의 관계와 이웃과의 관계도 회복될 것입니다. 왜냐하면 그들 안에 있는 죄 때문에 하나님과 멀어졌기 때문이며, 동시에 인간 관계도 깨어졌기 때문입니다. 하나님은 이처럼 죄에 찌든 유대인들을 구원하기 위하여 예수님을 그들의 구주로 보내셨던 것입니다.

3. 구원

마태복음 1장 21절에 의하면, 예수님이 동정녀에게서 탄생하신 가장 중요한 목적은 유대인들을 죄로부터의 구원하기 위해서였습니다. 이 목적을 강조하기 위하여 세 단어가 사용되었는데, 먼저는 "주님이 구원이시다"의 의미인 *예수*라는 이름이고, 그 다음은 *구원하다*는 미래형 동사이고, 마지막으로 *구주*라는 호칭입니다. 그분의 탄생을 전후로 구원을 의미하는 용어가 이처럼 반복적으로 사용된 것은 그분이 이 세상에 오신 목적을 분명히 전달하는 것이었습니다. 그럼에도 불구하고 많은 유대인들은 그들의 구주이신 예수님을 거부했습니다. 오늘날의 많은 사람들이 교회는 다니면서도 구원의 주님을 만나지 못한 것과 같습니다.

그러면 구원의 의미는 무엇입니까? 구원은 위험이나 질병으로부터 해방을 의미할 수도 있습니다. 그러나 본문에서 사용된 구원은 죄와 죄책감, 고립과 죽음, 무지와 악습(惡習)으로부터 해방되는 것을 의미합니다. 그뿐 아니라, 이런 해방은 필연적으로 바람직한 혜택을 가져옵니다. 예를 들면, 하나님과의 관계 회복, 이웃과의 화목, 변화된 인격, 소망과 영광에 대한 기대 등, 말할 수 없이 많은 혜택이 따릅니다. 그런 이유 때문에 구원은 하나님이 인간을 죄의 결과에서 향복(享福)으로 바꾸시는 모든 과정이라고 할 수 있습니다.

물론 그 과정에는 과거, 현재, 미래가 다 포함됩니다. 과거를 강조하는 구원은 죄책과 심판으로부터 해방된 사실을 강조합니다. 이런 국면의 구원은 다분히 영적인 것이 강조됩니다. 성경에서도 이런 영적 구원이 강조된 것을 볼 수 있습니다. "너희가 그 은혜를 인하여 믿음으로 말미암아 구원을 얻었나니, 이것이 너희에게서 난 것이 아니요 하나님의 선물이라" (엡 2:8; 이 외에 눅 7:50, 고전 1:18, 고후 2:15, 딤후 1:9 등 참조).

이처럼 영적인 구원을 경험한 그리스도인들에게는 그 구원이 현재로 연결됩니다. 그렇지 않다면 그들의 영적 구원이 진짜인지 어떻게 알 수 있겠습니까? 그러니까 현재의 구원은 생활의 구원이라고 할 수 있습니다. 그리스도인들은 성령의 도움을 받아서 나쁜 습관은 물론 죄와 상관없는 깨끗한 삶을 영위하게 됩니다. 이런 삶을 위하여 성경은 "....복종하여 두렵고 떨림으로 너희 구원을 이루라"고 권고합니다 (빌 2:12; 이 외에 빌 1:19, 살후 2:13 등 참조).

그러나 구원은 거기서 끝나지 않고 미래로 연결됩니다. 과거와 현재의 구원을 누리는 그리스도인들은 미래의 구원을 기다리게 됩니다. 예수 그리스도가 재림하실 때, 그들은 죄의 결과요 하나님의 저주의 결과인 육체의 제한에서 벗어나게 됩니다. 그들은 그들이 그처럼 기다리던 그리스도를 완전히 닮게 됩니다. 이처럼 기대되는 미래의 구원을 성경은 이렇게 말합니다: "오직 우리의 시민권은 하늘에 있는지라; 거기로서 구원하는 자 곧 주 예수 그리스도를 기다리노니, 그가 만물을 자기에게 복종케 하실 수 있는 자의 역사로 우리의 낮은 몸을 자기 영광의 몸의 형체와 같이 변케 하시리라" (빌 3:20~21; 이 외에 롬 13:11, 벧전 1:5 등 참조).

4. 구원의 방법

그러면 예수 그리스도는 죄인들을 그들의 죄에서 어떻게 구원하시겠다는 것입니까? 본문에 의하면, 예수님은 그 백성에게 구원을 위하여 아무 것도 요구하지 않으셨습니다. 그분은 경전을 열심히 공부하라고도 하지 않으셨습니다. 그렇다고 수양을 쌓거나, 선을 행하라고도 하지 않으셨습니다. 그분은 종교적으로 열심을 내라고도 하지 않으셨습니다. 집회에 열심히 참석하면서 헌금을 바치라고도 하지 않으셨습니다.

그렇다면 왜 예수 그리스도는 그 백성에게 아무 것도 요구하지 않으셨습니까? 그 이유는 간단합니다! 그들은 이미 죄를 많이 범한 죄인들이 되어버렸기 때문입니다. 그들에게서 기대할 것이 없었기 때문입니다. 성 어거스틴(St. Augustine)이 말한 대로, 죄인들이 할 수 있는 일이 있다면 그것은 하나님을 떠나가는 것뿐입니다. 구원을 위하여 죄인들로부터 기대할 것은 아무 것도 없었습니다. 그런 까닭에 구원은 오직 예수 그리스도로부터 나올 수밖에 없습니다. 그렇다면 그분은 어떤 분이기에 죄인들을 구원하실 수 있습니까?

첫째, 예수님은 죄인들을 그들의 죄악과 그 결과로부터 구원하기 위하여 깨끗하지 않으면 안 되었습니다. 그분에게 죄가 있다면 그는 구주가 되기는커녕 구원을 받아야 되기 때문입니다. 전혀 죄와 상관없이 깨끗하게 태어나기 위하여 그분은 성령으로 잉태되어 동정녀에게서 탄생하셨습니다. 만일 예수님도 모든 사람처럼 남녀의 결합으로 태어났다면 그분도 역시 죄를 물려받은 죄인에 불과했을 것입니다.

둘째, 죄와 상관없이 깨끗하게 탄생하신 예수 그리스도는 깨끗한 인생을 사셨습니다. 그분은 비록 인간으로서 유혹과 시험은 받으셨지만, 어떤 죄도 범한 적이 없습니다 (히 5:15). 죄는커녕 오히려 병자들을 고쳐 주시고, 가난한 자들을 도우셨습니다. 어린아이들과 가냘픈 여인들을 축복하셨습니다. 무엇보다도 죄인들의 죄를 용서하시고, 그들을 정답게 껴안으셨습니다. 그렇습니다! 그분의 의로운 삶은 가히 죄인들의 구주라는 확실한 증거였습니다.

셋째, 죄와 상관없는 탄생과 인생은 그 자체도 너무나 훌륭합니다. 아니 초인간적이라고밖에 말할 수 없습니다. 그러나 그것만으로는 결코 죄인들을 구원할 수 없었습니다. 왜냐하면 죄인들은 그들의 죄에 대한 형벌을 반드시 받아야 하기 때문입니다. 그들의 형벌은 죽음입니다. 그러나 그들이 형벌과 죽음을 피할 수 있는 길이 생겼습니다. 그 길이 바로 예수님이었습니다.

예수님은 죄인들이 당해야 할 형벌과 죽음을 대신 당하셨습니다. 그것이 바로 십자가 위에서의 죽음이었습니다. 죄인들을 대신해서 자원하신 죽음이었습니다! 그분은 십자가 위에서 몸이 찢기고 피를 쏟으면서 죄인들의 죄 값을 치루셨습니다. 예수님은 십자가 위에서 죽으면서 이렇게 외치셨습니다, "다 이루었다" (요 19:30). 그 말은 죄인들의 죄 값을 다 지불했다는 선언입니다.

III. 결론

하나님은 구약성경에서 약속하신 대로 유대인들을 위하여 구주를 보내 주셨는데, 그분은 바로 예수님입니다 (행 13:23). 그런데 그분은 유대인들을 위한 구주일 뿐 아니라, 온 인류의 구주로 판명되셨습니다. 예수 그리스도는 모든 죄인을 구원하기 위하여 십자가 위에서 그 몸을 대속의 제물로 바치셨기 때문입니다 (막 10:45). 그런 이유 때문에 우리 모두는 그분 앞에 나와야 합니다. 어떻게 나와야 합니까? 다음과 같이 세 가지 방법으로 나올 수 있습니다.

첫째, 예수님의 이름을 *찬양*하면서 나와야 합니다. 그분은 처음부터 죄인들의 구원을 위하여 이 세상에 오셨습니다. 그것도 영원한 하나님의 나라를 버리고 하찮은 인간으로 오셨습니다. 인간 속에서 인간의 참혹한 현상과 잔인한 모습을 일일이 경험하셨습니다. 그리고 마침내 그런 인간들을 위하여 십자가 위에서 죽으셨습니다. 처음부터 끝까지 인간의 구원을 위하여 이름조차 그렇게 지은 예수의 이름을 찬양하면서 그분 앞에 나와야 합니다.

둘째, 예수의 이름을 모든 사람에게 *전하면서* 나와야 합니다. 그분이 예수의 이름으로 이 세상에 오시지 않았다면, 모든 사람들은 여전히 죄악 가운데서 허우적거리고 있을 것입니다. 예수의 이름 때문에 죄에서 구원받은 우리 모두는 당연히 그분의 이름을 모든 사람에게 전해야 합니다. 부모와 형제자매에게도 전해야 합니다. 친구들과 친척들에게도 전해야 합니다. 가까이 있는 이웃과

멀리 있는 이웃에게도 그 존귀한 예수님의 이름을 전해야 합니다.

셋째, 아직도 이 예수님을 만난 경험이 없는 사람은 그분을 자신의 구주로 *영접해야* 합니다. 그리하면 그 이름이 뜻하는 대로 예수님은 그를 모든 죄에서 구원하실 것입니다. 다시 말해서, 그의 모든 죄를 용서하실 것입니다. 그리고 깨끗하게 만드실 것입니다. 그리고 그의 마음과 삶 속에 들어가셔서 그를 안에서부터 변화시키실 것입니다. 예수님 앞에 나와서 그분을 영접하면 그 사람은 인생의 의미와 목적을 발견할 것입니다. 이 예수님 앞으로 나오십시오!

5

예수 그리스도의 탄생 (3)

"예수 그리스도의 나심은 이러하니라. 그 모친 마리아가 요셉과 정혼하고 동거하기 전에 성령으로 잉태된 것이 나타났더니, 그 남편 요셉은 의로운 사람이라. 저를 드러내지 아니하고 가만히 끊고자 하여, 이 일을 생각할 때에, 주의 사자가 현몽하여 가로되, '다윗의 자손 요셉아, 네 아내 마리아 데려오기를 무서워 말라. 저에게 잉태된 자는 성령으로 된 것이라. 아들을 낳으리니, 이름을 예수라 하라. 이는 그가 자기 백성을 저희 죄에서 구원할 자이심이라' 하니라. 이 모든 일의 된 것은 주께서 선지자로 하신 말씀을 이루려 하심이니, 가라사대, '보라 처녀가 잉태하여 아들을 낳을 것이요, 그 이름은 임마누엘이라 하리라' 하셨으니, 이를 번역한즉 '하나님이 우리와 함께 계시다' 함이라. 요셉이 잠을 깨어 일어나서 주의 사자의 분부대로 행하여 그 아내를 데려왔으나, 아들을 낳기까지 동침치 아니하더니 낳으매 이름을 예수라 하니라."

마태복음 1:18~25

I. 서론

예수 그리스도의 탄생을 묘사한 곳은 두 군데서 찾을 수 있습니다. 한 곳은 마리아를 통해 묘사된 누가복음이고 (눅 1:26~38), 다른 한 곳은 요셉을 통해 묘사된 마태복음입니다. 요셉을 통해 묘사된 곳은 마태복음 1장 18~25절입니다. 이 본문은 다음과 같이 네 부분으로 나눌 수 있습니다: (1) 요셉이 당한 어려움과 해결책의 강구 (18~19절), (2) 천사의 계시와 설명 (20~21절), (3) 예언의 성취 (22~23), (4) 요셉의 삼중적 순종 (24~25).

그러나 우리는 예수 그리스도의 탄생을 성부, 성자, 성령의 역할이라는 안목으로 접근하고 있습니다. 이미 우리는 성령과 성자의 역할에 대하여 살펴보았습니다. 이제 성부의 역할이라는 안목으로 본문을 접근하고자 합니다. 본래 인간의 구원을 위하여 성부 하나님은 계획하셨고, 성자 하나님은 그 계획을 몸으로 실천하셨습니다. 그 실천의 첫 단계가 바로 마리아에게서 잉태되는 것인데, 그것을 도운 분이 바로 성령 하나님이십니다.

II. 본론

그렇다면 예수 그리스도의 탄생에서 하나님의 역할은 무엇이었습니까? 그 역할을 보기 위하여 먼저 본문 가운데서 22~23절을 다시 보겠습니다: "이 모든 일의 된 것은 주께서 선지자로 하신 말씀을 이루려 하심이니, 가라사대, '보라, 처녀가 잉태하여 아들을 낳을 것이요, 그 이름은 임마누엘이라 하리라' 하셨으니, 이를 번역한즉 '하나님이 우리와 함께 계시다' 함이라."

이 본문에서 예수 그리스도의 탄생이 미리 예언되었으며, 그 예언대로 성취되었다는 사실을 찾을 수 있습니다. 그런 이유 때문에 이 짧은 말씀에서 우리는 하나님의 역사를 과거, 현재 및 미래의 관점에서 볼 수 있습니다. 과거의 역사는 예언이며, 현재의 역사는 성취이고, 그리고 미래의 역사는 약속입니다. 이처럼 삼중적인 하나님의 역사는 달리 표현될 수도 있는데, 곧 하나님의 전지(全知), 전능(全能) 및 임재(臨在)입니다.

1. 하나님의 전지 (omniscience)

먼저, 하나님의 전지란 하나님이 모든 것을 완전히 아신다는 의미입니다. 그런 이유 때문에 하나님의 지식은 인간의 지식과 다릅니다. 인간의 지식은 먼저 노력해서 습득해야 합니다. 그뿐 아니라 그린 지식은 시간이 지나면서 잊어버리거나 없어질 수도 있습니다. 그 지식은 인간의 죽음과 함께 모두 없어집니다. 그러나 하나님의 지식은 습득된 것이 아니기 때문에 시간의 제한을 받지 않는 영원한 것입니다. 하나님의 지식은 공간의 제한도 받지 않기 때문에 완전합니다.

모든 것을 아시는 하나님의 속성을 잘 나타내는 것 중 하나가 바로 예언입니다. 인간의 머리로 한계 있는 머리로 누가 700여 년 후에 될 일을 미리 알 수 있겠습니까? 그것은 절대로 불가능한 일입니다. 그러나 하나님은 시간을 초월하는 분이시기에 700여 년 후에 일어날 사건을 미리 아셨습니다. 아실 뿐 아니라 그것을 700여 년 전에 미리 기록하게 하셨습니다.

그것이 바로 마태복음 1장에 나오는 예언입니다. 그 예언은 다음과 같습니다, "처녀가 잉태하여 아들을 낳을 것이요, 그 이름을 임마누엘이라 하리라." 이것은 하나님이 선지자 이사야를 통하여 기록하게 하신 예언입니다 (사 7:14). 우리가 알듯이, 하나님은 모든 것을 아시기에 많은 것들을 예언하고 또 성취하셨습니다. 마태복음에서만도 예언의 성취를 구체적으로 언급하고 있는 말씀이 60구절도 더 됩니다. 60구절의 예언이 모두 성취될 수 있는 확률은 1,152,921,504,606,846,976분의 1입니다. 인간적으로는 절대로 불가능하다는 뜻입니다.

그러나 하나님은 모든 것을 아시는 분이기 때문에 많은 것들을 미리 예언하셨고 또 성취하셨습니다. 그 가운데 하나가 바로 예수 그리스도의 동정녀 탄생이었습니다. 그러면 왜 하나님은 인간의 과학과 이성을 거슬리면서 이런 초자연적인 탄생을 예언하셨고 또 성취하셨습니까? 그 이유는 예수 그리스도가 남녀의 결합이라는 정상적인 통로를 통해서 탄생될 수 없는 이유가 있었기 때문입니다.

하나님이 모든 것을 아신다는 것은 인간의 됨됨이도 모두 아신다는 뜻입니다. 도대체 인간은 누구입니까? 인간은 추악한 죄인입니다. 그런 추악한 모습을 속속들이 알고 계시는 분이 바로 하나님이십니다. 뿐만 아니라, 하나님은 그 인간이 자신의 죄 문제와 죽음의 문제를 해결할 수 없는 무능한 인간이라는 사실도 아셨습니다. 그처럼 무능한 죄인들을 구원할 분은 죄가 전혀 없어야 했습니다. 그리고 죄 없이 태어나려면 동정녀의 몸을 빌어야 할 것을 하나님은 아셨던 것입니다.

2. 하나님의 전능 (omnipotence)

그 다음, 하나님의 전능은 무엇이든지 하실 수 있는 능력을 가지고 있다는 것을 의미입니다. 그렇습니다! 하나님은 모든 것을 하실 수 있었습니다. 그 능력으로 하나님은 천지를 창조하셨습니다. 같은 능력으로 이스라엘 백성을 애굽에서 구출해 내셨습니다. 홍해를 가르시고 그 백성을 죽음에서 건져 내셨을 뿐 아니라, 40년 동안에 약 300만 명이나 되는 백성과 약 300만이나 되는 동물에게 물과 양식을 주셨습니다. 그리고 마침내 약속의 땅 가나안으로 인도하셨습니다.

물론 하나님의 능력은 아무 때나 그리고 모든 사람을 통해서나 나타나지 않습니다. 그 능력은 하나님의 완전한 지식에 따라서 나타납니다. 한 실례가 예수 그리스도의 탄생입니다. 하나님은 과거와 현재와 미래를 아시는 지식을 근거로 예수 그리스도의 동정녀 탄생을 예언하셨습니다. 그리고 그 예언에 따라 하나님은 당신의 능력으로 동정녀 마리아로 하여금 예수 그리스도를 잉태하게 하셨습니다.

하나님은 요셉과 마리아를 결합시키셨지만, 마침내 그 능력으로 마리아를 통하여 예수 그리스도가 태어나게 하셨습니다. 얼마나 놀라운 예언의 성취입니까? 이것은 모든 것을 아시는 하나님의 지식과 모든 것을 이루실 수 있는 하나님의 능력이 조화롭게 이룬 역사입니다. 예수 그리스도는 마침내 그 예언에 따라, 그리고 하나님의 능력에 의하여, 동정녀에게서 태어나셨던 것입니다.

위에서 이미 언급한 대로, 하나님이 그처럼 엄청난 능력으로 예수 그리스도를 태어나게 하신 목적은 죄인들의 구원을 위한 것이었습니다. 죄인들의 구원을 위하여 이처럼 동정녀에게서 태어나신 예수 그리스도는 하나님의 능력으로 죄인들을 용서하셨습니다 (막 2:5 이하). 같은 능력으로 귀신들린 자들로부터 귀신들을 쫓아내셨습니다 (마 8:28 이하). 그 능력으로 예수 그리스도는 죽은 자도 살리셨습니다 (마 9:24~25).

그러나 하나님의 능력이 예수 그리스도에게 가장 잘 나타나신 것은 역시 예수 그리스도의 부활이었습니다. 죄인들을 구원하시기 위하여 동정녀에게서 탄생하신 예수 그리스도는 마침내 그들을 대신하여 십자가에서 죽으셨습니다. 그러나 전능하신 하나님은 그분을 죽음 가운데 내버려 두실 수 없었습니다. 하나님은 그 전능한 능력으로 예수 그리스도를 죽은 자 가운데서 다시 일으키셨습니다 (히 13:20). 죄인들의 죄가 용서되었을 뿐 아니라, 그들에게도 부활의 소망이 있다는 사실을 알려 주시기 위해서였습니다.

3. 하나님의 임재 (presence)

동정녀 마리아에게서 탄생하신 예수 그리스도는 *임마누엘*이라고 불립니다. 그 이름의 뜻은 "하나님이 우리와 함께 계시다"입니다. 그렇습니다! 예수 그리스도의 탄생은 죄인들 사이에 들어오실 수 없는 거룩한 하나님의 임재를 의미합니다. 구태여 다른 말로 하면, 창조주 하나님이 피조물인 인간들, 그것도 많은 죄를 범한 죄인들 사이에 임재하셨다는 말입니다. 인간의 머리로는 이해할 수 없는 이 엄청난 사실에 대하여 바울은 이렇게 외쳤습니다, "그(하나님)는 육신으로 나타난 바 되시고..." (딤전 3:16).

*임마누엘*은 인간에 대한 하나님의 간절한 뜻을 표현하는 이름이기도 합니다. 하나님은 인간들과 함께 하기 위하여 아담과 하와를 창조하셨습니다. 그러나 불행하게도 그들의 불순종으로 그 관계가 단절되었습니다. 하나님은 인간들과 함께 하시기 위하여 여러 가지 방도를 강구(講究)하셨습니다. 하나님은 아담과 하와에게 가죽옷도 지어 입히셨습니다 (창 3:21). 하나님은 이스라엘 백성을 애굽에서 건져 내시고, 그들 가운데 들어오기도 하셨습니다 (출 25:22).

하나님은 솔로몬이 선축한 성전에 임재하기도 하셨습니다 (대하 7:1). 그러나 그런 모든 강구는 인간들의 범죄로 인하여 결국 물거품이 되어버렸습니다. 하나님은 더 이상 인간에게 기대할 것이 없으셨습니다. 그래서 하나님은 인간들 속에 들어오기로 작정하셨습니다. 하나님은 예수 그리스도라는 육신의 몸을 빌어서 죄인들 가운데 오셨습니다. 그런 목적을 위하여 하나님은 동정녀에게서 탄생하시고 *임마누엘*이라고 불리셨습니다.

하나님의 임재는 하나님 나라의 시작이기도 합니다. 왜냐하면 하나님이 임재하신 곳에서는 그분이 통치하시기 때문입니다. 그러면 하나님의 통치는 무엇을 의미합니까? 그것은 이중적인 의미를 가지고 있습니다. 한편 이 세상에서 불의가 한없이 퍼져 나가는 것을 막는다는 의미이기도 합니다 (살후 2:7, 사 8:10). 동시에 *임마누엘* 되신 예수 그리스도를 구주로 받아들이지 않는 악인들에 대한 심판의 시작을 의미합니다.

또 한편 하나님의 통치는 예수 그리스도를 구주로 받아들인 자들에 대한 축복을 의미합니다. 어떤 축복입니까? 첫째, 그들은 죄를 용서받았습니다. 둘째, 그들은 하나님의 인도를 받기 시작합니다. 셋째, 그들은 어려울 때나 슬플 때, 하나님의 위로를 받습니다. 넷째, 그들이 연약할 때, 하나님이 주시는 힘을 경험합니다. 다섯째, 그들은 하나님과의 영원한 교제를 대망합니다 (계 21:3). 이런 것들을 가능하게 하시는 *임마누엘*은 이렇게 약속하십니다, "볼지어다, 내가 세상 끝날까지 너희와 항상 함께 있으리라" (마 28:20).

III. 결론

예수 그리스도의 탄생만큼 인류의 역사와 문화를 바꾼 역사를 또 찾아볼 수 있습니까? 물론 없습니다! 모든 인간은 위대한 인물이든, 종교의 창시자이든 죄악 가운데서 태어나 죄악 가운데서 살다가 죽었습니다. 그러나 예수 그리스도는 동정녀에게서 깨끗하게 태어나셨고, 깨끗하게 사셨고, 마침내 깨끗하게 죽으셨습니다. 그러나 예수 그리스도는 죽은 지 삼일 만에 다시 부활하셨습니다.

이런 일련의 사건들은 하나님의 전지와 전능과 임재의 속성과 연관되어 있다는 것을 보았습니다.

본문 말씀은 우리에게 몇 가지 교훈을 주고 있습니다. **첫째** 교훈은 하나님의 *전지*입니다. 그렇습니다! 하나님은 우주와 세계에 대해서도 모두 아십니다. 하나님은 국가와 교회에 대해서도 모르시는 것이 없습니다. 뿐만 아니라, 하나님은 믿지 않는 자와 믿는 자를 하나도 빼놓지 않고 다 아십니다. 그 말을 달리 표현하면, 하나님은 우리를 샅샅이 아신다는 것입니다.

우리는 그런 하나님 앞에 진솔하게 나와야 합니다. 만일 우리가 아직 예수 그리스도를 구주로 받아들이지 않았다면, 하나님은 아직도 우리에게 남아 있는 모든 죄를 속속들이 아십니다. 그리고 어느 날 그 모든 죄를 심판하실 것입니다. 그러므로 우리는 가능한 대로 빨리 우리의 죄를 하나님 앞에서 시인하고, 그 해결책이신 예수 그리스도를 구주로 영접해야 합니다. 그 길만이 우리로 하여금 하나님 앞에서 떳떳이 살아갈 수 있게 하는 방법입니다.

만일 우리가 이미 예수 그리스도를 구주로 받아들였다면, 우리는 하나님을 아버지로 모신 사람들입니다. 그런데 우리의 아버지 하나님은 우리의 모든 생각을 다 아십니다. 우리의 언어와 느낌도 아십니다. 우리의 행동도 물론 하나도 빼놓지 않고 아십니다. 그런 까닭에 우리는 하나님 앞에서 늘 깨끗하게 살아야 합니다. 어떻게 깨끗하게 살 수 있습니까? 잘못을 범할 때마다 예수님의 피를 의지해서 씻김을 받아야 합니다. 그리고 성령님을 의지하면서 죄를 이겨야 합니다.

둘째 교훈은 하나님의 *전능*입니다. 하나님은 모든 것을 아실 뿐 아니라, 모든 것을 해결하실 수 있는 능력이 있습니다. 만일 우리가 아직도 예수 그리스도를 구주로 영접하지 않았다면, 이 시간 그분에게 나오십시오. 그분은 우리가 아무리 은밀한 죄를 지었다고 해도 그 죄를 용서하실 수 있습니다. 우리가 아무리 그분으로부터 멀리 떠났다손치더라도 우리가 돌아서기만 하면, 하나님은 우리에게 오십니다. 왜냐하면 하나님에게는 모든 능력이 있으시기 때문입니다.

만일 우리가 예수 그리스도로 구주를 영접하였다면, 우리는 하나님의 자녀입니다. 그러나 하나님의 자녀답게 살지 못하는 부분이 있다면, 그분에게 나오십시오. 그분은 우리를 도우실 수 있습니다. 우리가 무기력하게 느끼십니까? 아니면 너무나 못났다고 느끼십니까? 아니면 하나님이 우리에게 가까이 있지 않다고 느끼십니까? 하나님에게 있는 그대로 고백하면서 그분의 능력을 갈구하십시오. 하나님은 우리를 사랑하시기 때문에 우리에게 필요한 힘을 반드시 주십니다.

셋째 교훈은 하나님의 *임재*와 연관이 있습니다. 하나님은 우리의 일상생활 가운데 임재하기를 원하십니다. 하나님은 우리와 친밀한 교제를 나누기 원하십니다. 하나님은 우리와 동행하시면서 희로애락을 나누기 원하십니다. 하나님은 우리의 손목을 꼭 잡고 천국까지 인도하기를 원하십니다. 왜냐하면 천국은 하나님이 계실 뿐 아니라, 하나님이 전폭적으로 통치하는 곳이기 때문입니다.

그러나 하나님과 그처럼 가까운 교제를 나누기 위해서는 무엇보다도 우리의 죄를 버리고 예수 그리스도를 구주로 영접해야 합니다. 우리가 마음의 문을 열고 그분을 영접하면 그분은 우리 마음속에 들어오셔서 우리와 동행하십니다. 그분은 우리를 결코 떠나지 않으십니다 (히 13:5). 이처럼 우리를 영원히 사랑하실 하나님 아버지 앞으로 나오지 않겠습니까? 그분은 우리를 초청하고 계십니다.

만일 우리가 이미 예수 그리스도를 우리의 구주로 영접하였다면, 하나님은 우리와 함께 하십니다. 그런 이유 때문에 육신이 되신 예수 그리스도를 *임마누엘*이라 불렀습니다. 우리는 우리와 함께 하시는 하나님을 기쁘시게 해 드리는 삶을 살아야 합니다. 어떻게 하면 하나님을 기쁘시게 할 수 있습니까? 그것은 간단합니다! 하나님의 말씀에서 하나님의 뜻을 발견하고 그 뜻대로 살면 됩니다. 그리할 때 하나님은 언제나 우리와 함께 하십니다.

성경 색인

1:34	229
1:38	229
2:11	236
4:1~13	150
7:12	83
7:50	239
8:49	83
9:23	59
9:58	54
14:11	213
16:10	87
19:20	57
24:47	189

요한복음

1:4	224
1:14	32
1:29	189
2:15	32
2:16	32
2:19	32
2:21	32
3:1~15	95
3:14~15	96
3:16	189
4:3	96
5:2	96
6:29	68
10:16	165
11:14	83
11:25	69
11:40	69
11:41~42	69
11:42	69

11:43	69
12:24~25	54
14:7~11	32
14:9	68
14:10	32
14:17	226
17:1~8	44
17:4~5	167
17:5	164
17:9~19	44
17:13	45
17:15	45
17:17	45
17:20~26	44
17:21	45
19:30	241
19:33	165

사도행전

1:8	189
5:32	87
13:22	41
13:23	242

로마서

1:4	167
4:25	33
5:8	31
5:19	140
6:4	36
12:1	59
12:19	99
12:20	99
13:11	239

도서출판 세 복의 발간 도서

QT를 위한 묵상집

기적을 만드는 사람들
워렌 위어스비 지음 / 구교환 옮김 / 신국판 / 초판 1쇄 / 182쪽 / 6,000원
사도로 변화된 베드로의 이야기를 통해 현대의 그리스도인들이 하나님의 기적을 만들며 살아
가도록 도전하는 책.

날마다 솟는 샘
존 T. 시먼즈 지음 / 이영기 옮김 / 크라운판 (양장본) / 초판 1쇄 / 378쪽 / 12,000원
사복음서에 나타난 예수님의 삶과 가르침을 통하여 1년 동안 큐티를 위한 매일의 영적
양식으로, 독자의 영적 삶을 풍성하게 해주는 책.

너희는 나를 누구라 하느냐?
존 T. 시먼즈 지음 / 홍성철 옮김 / 신국판 / 초판 1쇄 / 198쪽 / 6,500원
예수님의 인격과 비유와 기적을 통해 "너희는 나를 누구라 하느냐?"에 대한 질문을 신학적으
로나 신앙적으로 명쾌하게 제시한 책.

십자가 앞에서
리차드 바우크햄, 트레보 하트 지음 / 김동욱 옮김 / 신국판 / 초판 1쇄 / 156쪽 / 5,000원
십자가 앞에 서 있던 열한 명의 삶의 관점에서 십자가를 묵상하므로 우리의 삶을 깊이 있게
변화시켜 줄 것을 기대할 수 있는 책.

하나님의 임재를 연습하라
로렌스 형제 지음 / 스티브 트랙셀 편집 / 류명욱 옮김 / 신국판 / 초판 2쇄 / 172쪽 / 6,500원
일상 생활 속에서 하나님을 사랑하라는 명령을 실천하는 것이 무엇인가를 보여 주어 하나님
의 임재 안에서 사는 법을 훈련할 수 있는 명저.

새신자 및 초신자에게 추천할 책

나는 어떻게 예수님을 만났는가?
홍성철 편집 / 신국판 / 초판 1쇄, 개정판 10쇄 / 332 / 8,000원
각계 각층에서 그리스도의 향기를 진하게 풍기고 있는 21명의 신앙 고백으로, 새신자 및 전도
용 선물로 최적인 책.

당신의 생애도 변화될 수 있다
알란 워커 지음 / 홍성철 옮김 / 신국판 / 초판 2쇄 / 104쪽 / 4,000원
삶의 목적과 변화를 원하는 모든 현대인들에게 예수 그리스도가 제공하는 구원의 은혜로
변화된 생애를 살 수 있도록 도전하고 길잡이 역할을 할 명저.

첫 걸음부터 주님과 함께

션 던 지음 / 전현주 옮김 / 신국판 / 초판 2쇄 / 115쪽 / 3,500원

반복되는 일시적인 결단의 공허함을 극복할 수 있는 원리를 제시하며, 그 원리를 삶에 적용할 때 믿음의 진보와 주님과 하나 되는 매일의 삶으로 인도하는 책.

<u>전도 및 선교를 위한 안내서</u>

서로 사랑하자   성경적 복음전도의 모형

진 게츠 지음 / 하도균 옮김 / 신국판 / 초판 1쇄 / 228쪽 / 7,000원

사랑의 동기로 시작하는 복음전도에서 그리스도인들이 사랑으로 하나됨을 통해 사람들을 그리스도께로 인도할 구체적인 방법을 안내하는 베스트 셀러 작가 진 게츠의 명저.

주님의 지상명령   성경적 의미와 적용

홍성철 지음 / 신국판 / 초판 1쇄 / 218쪽 / 7,000원

주님의 지상명령이 함축하고 있는 의미를 깊이 조명하여 그리스도인들로 하여금 그 명령에 보다 확실히 순종할 수 있게 할 저자가 심혈을 기울인 책.

타문화권 복음 전달의 원리와 적용

존 T. 시먼즈 지음 / 홍성철 옮김 / 신국판 / 초판 3쇄, 2판 2쇄 / 342쪽 / 8,000원

복음과 타종교와의 관계 및 복음 전달의 원리와 방법을 깊게 다루어 복음 전달의 이론적 인도자가 되는 명저.

현대인을 위한 복음전도의 성경적 모델

홍성철 지음 / 신국판 / 초판 1쇄 / 320쪽 / 10,000원

복음적인 안목으로 성경에 접근하고자 하는 그리스도인과 복음전도 지향적인 설교를 준비하는 사역자를 위해 길잡이 역할을 할 명저.

회심   거듭남의 의미와 적용

홍성철 편집 / 신국판 / 초판 2쇄, 개정판 2쇄 / 224쪽 / 6,000원

기독교에서 가장 핵심적 교리인 "회심"의 문제를 신학적, 경험적, 적용적으로 이 분야의 권위자들이 다룬 9편의 글.

<u>강해설교집</u>

고난 중에도 기뻐하라 (빌립보서 강해설교)

홍성철 지음 / 신국판 / 초판 2쇄 / 506쪽 / 10,000원

고난 중에도 기뻐할 수 있는 사도 바울의 비결을 성경적으로 파헤치고, 목회적으로 제시한 41편의 강해설교집.

눈물로 빚어 낸 기쁨 (룻기 강해)

홍성철 지음 / 신국판 / 초판 1쇄 / 182쪽 / 6,000원

룻기에 담겨진 아름다운 이야기를 새로운 각도로 접근하여 전개한 강해집.

시편 강해 (I-IV)
강선영 지음 / 신국판 (양장본) / 초판 1쇄 / 550쪽 / 권당 15,000원
저자가 4년여 동안 시편 전체를 연구하며 설교한 것을 정리하여 펴낸 강해설교집.

심령의 호소를 들으시는 하나님 (시편 강해 1-23편)
이태웅 지음 / 신국판 / 초판 1쇄 / 304쪽 / 7,500원
시편을 기록한 지 수천 년이 지났으나, 시편 기자들이 경험한 변함없는 하나님의 실재와 냉험한 현실 사이에서 의에 주리고 목말라하는 사람에게 한 모금의 냉수와 같은 책.

알기 쉬운 히브리서 (히브리서 강해)
네일 라이트푸트 지음 / 홍성철 옮김 / 신국판 / 초판 1쇄 / 244쪽 / 7,500원
대제사장이요 단번에 드려진 속죄물이신 예수 그리스도를 소개하여 모든 그리스도인들의 신앙을 깊게 하며 예수 그리스도를 깊이 만나게 하는 명저.

요한복음 강해 (I-IV)
강선영 지음 / 신국판 (양장본) / 초판 1쇄 / 590쪽 / 권당 12,000원
저자가 6년여 동안 요한복음을 연구하며 설교한 것을 정리하여 펴낸 강해설교집.

우리에게 일용할 양식을 주소서 (주기도문 강해설교)
홍성철 지음 / 신국판 / 초판 2쇄 / 228쪽 / 6,000원
주기도문에 나타난 하나님의 영광과 우리의 필요를 깊이 조명시켜 주는 강해설교집.

하나님의 사람들 마태복음 1장 1절 강해설교
홍성철 지음 / 신국판 / 초판 1쇄 / 272쪽 / 9,000원
14회에 걸친 강해설교로, 아브라함, 다윗, 예수 그리스도의 비천에서 존귀로의 삶을 통해 21세기를 살아가는 그리스도인들에게 실제적인 교훈과 열정을 회복시키는 메시지.

교역자 및 지도자에게 추천할 책

가정교회 21세기 목회의 새로운 대안
박승로 지음 / 신국판 / 초판 1쇄 / 214쪽 / 7,500원
교회 성장을 위하여 소그룹의 특성을 살리며 살아 있는 교회의 세포인 "교회 안의 작은 교회"의 가정교회의 사례 연구와 교회 갱신의 전략으로서 구체적인 방향을 제시한 책.

목회자의 자기 관리
로이 오스왈드 지음 / 김종환 옮김 / 신국판 / 초판 2쇄 / 276쪽 / 7,000원
자기 관리에 게으르거나 무관심한 그리스도인이 어떻게 자기 관리를 해야 하는지 구체적으로 제시하는 책.

복음주의 실천신학개론
복음주의 실천신학회 편 / 신국판(양장본) / 초판 4쇄 / 430쪽 / 15,000원
한국 교회의 목회자와 그리스도인들에게 신학의 복음주의적인 안목을 갖게 함으로 목회 현장을 더욱 풍요롭게 하는 지침서.

불타는 전도자 존 웨슬리
홍성철 지음 / 신국판 (양장본) / 초판 4쇄 / 344쪽 / 12,000원
존 웨슬리가 어떻게 불타는 전도자가 될 수 있었는지를 제시하여, 현대 그리스도인들도 불타는 전도자가 되도록 인도해 주는 책.

성령 안에서 설교하라
데니스 F. 킨로 지음 / 홍성철 옮김 / 신국판 / 초판 3쇄 / 176쪽 / 4,500원
방법과 기교를 강조하는 현대 설교에서 성령의 임재를 회복할 수 있는 설교의 원리와 방법을 분명하게 제시하는 책.

영혼을 돌보는 목자
캐롤 와이즈, 존 힝클 지음 / 이기승 옮김 / 신국판 / 초판 1쇄 / 248쪽 / 6,500원
잠재력이 있는 영혼들을 돌보는 사역을 감당하고자 하는 목사, 전도사, 평신도 지도자, 구역장 등에게 안내자 역할을 하는 책.

웨슬리안 조직신학
오톤 와일리, 폴 컬벗슨 지음 / 전성용 옮김 / 신국판 / 초판 1쇄 / 570쪽 / 15,000원
신학의 기초 과정을 위한 교과서일 뿐만 아니라, 평신도들이 사용할 수 있도록 간략하면서도 체계를 갖춘 기독교 교리를 제시한 신학의 고전.

이렇게 예수 그리스도의 제자가 되자
홍성철 지음 / 신국판 / 초판 2쇄 / 238쪽 / 7,000원
예수 그리스도처럼 제자 훈련의 모범과 성공을 이룬 사람은 일찍이 없었다. 그분의 훈련 방법과 원리가 무엇인지에 대한 해답을 성경적으로 명쾌하게 제시한 책.

존 웨슬리 그의 생애와 신학
로버트 G. 터틀 2세 지음 / 김석천 옮김 / 신국판 / 초판 1쇄 / 480쪽 / 13,000원
하나님께 전적으로 헌신하며 살았던 존 웨슬리의 이야기를 통해 독자를 예수 그리스도의 충만한 믿음으로 인도하는 책.

항상 은혜가 먼저입니다
류종길 지음 / 신국판 / 초판 1쇄 / 365쪽 / 9,000원
저자가 일생을 목회에 헌신하고 목사 안수 30주년 기념으로 그의 사역을 회상하며 하나님의 은혜를 고백한 책으로, 설교집, 칼럼 및 목회 서신 등이 수록되어 있으며, 저자의 헌신, 희생, 비전, 지혜를 엿볼 수 있는 책.

<u>평신도에게 추천할 책</u>

그리스도의 마음
데니스 킨로 지음 / 홍성철 옮김 / 신국판 / 초판 1쇄 / 188쪽 / 6,000원
성령이 믿는 자에게 주시는 "그리스도의 마음"이 의미하는 바가 무엇인지 잘 설명해 주는 명저.

당신의 인생을 다시 시작하라

데일 겔러웨이 지음 / 류선욱 옮김 / 신국판 / 초판 1쇄 / 202쪽 / 6,500원
인생에서 위기를 당하거나 상처를 입었을 때 어떻게 극복할 수 있는지 저자 자신의 경험을
통해 새롭게 일어날 수 있는 길을 감동적으로 조명해 주는 책.

도움의 기술 상처받은 사람에게 무엇을 말하고 행할 것인가

로렌 리타우어 브릭스 지음 / 전현주 옮김 / 신국판 / 초판 1쇄 / 432쪽 / 13,000원
우리의 도움을 필요로 하는 상처받은 사람들에게 우리가 의미 있는 격려를 할 수 있는
상식적, 실제적, 구체적인 방법들을 제시해 주는 필독서.

마음의 숨겨진 상처를 치유하시는 예수님 성령님과 치유 사역

브래드 롱, 신디 스트릭클러 지음 / 전현주 옮김 / 신국판 / 초판 1쇄 / 318쪽 / 11,000원
독특하고 실제적인 방식으로 전인적이고 균형 있는 영적인 치료법을 다룬 상담과 치유 사역
을 위한 필독서.

상처난 아버지와의 관계 회복

제임스 L. 쉘러 지음 / 이기승 옮김 / 신국판 / 초판 2쇄 / 272쪽 / 8,000원
인생의 풀리지 않는 아버지와의 문제들이 무엇이며 그것을 어떻게 다루어야 할지, 더 나아가
하나님 아버지께로 인도하는 책.

성결의 아름다움

베인즈 에트킨슨 지음 / 홍성국 옮김 / 신국판 / 초판 1쇄 / 184쪽 / 5,500원
성결이라는 성경적 진리의 핵심에 직면하여 마음의 감동과 함께 성결하게 되는 것을 체험하
도록 인도해 주는 책.

성령과 동행하라

스티븐 하퍼 지음 / 홍성철 옮김 / 신국판 / 초판 3쇄 / 224쪽 / 5,500원
기독교 영성이 무엇이며, 또 어떻게 그 영성을 체험하고 유지할 수 있는지에 대한 좋은 안내
자가 되는 책.

성령님, 나를 변화시켜 주세요 그리고 사용하여 주세요

커리 매비스 지음 / 홍성철 옮김 / 신국판 / 초판 1쇄 / 180쪽 / 5,500원
분노와 죄의식 등 감정의 문제들이 어떻게 성령의 역사로 변화되어 성장할 수 있고, 주님께
쓰임받을 수 있는가를 제시하는 책.

성령의 충만을 받으라

존 T. 시먼즈 지음 / 홍성철 옮김 / 신국판 / 재판 4쇄 / 152쪽 / 4,000원
성령의 충만과 능력을 갈구하는 모든 그리스도인에게 그 방법을 단계적으로 제시한 책.

잃어버린 퍼스날리티를 찾아서

최병전 지음 / 신국판 / 초판 1쇄, 개정판 1쇄 / 206쪽 / 5,000원
구원은 받았지만 인격의 상처는 개인과 가정과 교회와 사회에 문제를 일으키는 것을 진단하
고 해결의 실마리를 제시하는 책.

자살을 애도하며

알버트 쉬 지음 / 전현주 옮김 / 신국판 / 초판 1쇄 / 262쪽 / 7,000원
사랑하는 사람이 자살한 후 남겨진 자살 생존자들을 돕는 안내서이며, 자살을 예방할 수 있도록 돕는 책.

절망과 소망 사이에서 어떻게 육체의 질병을 이길 수 있는가

알 B. 와이어 지음 / 박현주 옮김 / 신국판 / 초판 1쇄 / 280쪽 / 9,500원
육체의 질병에 대해 심각한 진단을 받을 때, 어떻게 대처하고, 어떠한 선택을 하고, 어떻게 하나님과 함께 동행하며 승리하는가를 보여 주는 책.

주님, 나를 변화시켜 주세요

에벌린 크리스튼슨 지음 / 이혜숙 옮김 / 신국판 / 초판 1쇄 / 280쪽 / 9,500원
하나님이 어떻게 사람들을 변화시키시는지를 놀랍게 경험한 저자는 변화를 이루시는 분이 하나님이심을 확신하게 하며, 실제적이고 획기적으로 변화되는 길을 안내해 주는 명저.

최후의 승리

어네스트 젠타일 지음 / 이혜숙 옮김 / 신국판 (양장본) / 초판 1쇄 / 398쪽 / 15,000원
예수님의 영광스러운 재림이 어떠할 것인지를 알려 주고, 영적으로 깨어서 기쁨으로 준비할 수 있게 할 역작.

현대인을 위한 존 웨슬리의 메시지

스티븐 하퍼 지음 / 김석천 옮김 / 신국판 / 초판 2쇄 / 168쪽 / 5,000원
존 웨슬리의 메시지를 현대인을 위해 재해석한 책으로, 현대의 그리스도인들에게 빛과 방향을 제시해 주는 책.

<u>그룹 교재로 활용할 수 있는 책</u>

그리스도인의 문제들 어떻게 극복할 것인가?

맥시 너남 지음 / 하도균 옮김 / 신국판 / 초판 1쇄 / 264쪽 / 7,000원
그리스도인이 매일의 삶 속에 당면하는 문제들을 어떻게 대처하고 극복해 나갈 수 있는지 안내하는 책.

성령의 열매와 생활

맥시 더남, 캠벌리 더남 레이스먼 지음 / 박재승 옮김 / 신국판 / 초판 1쇄 / 270쪽 / 7,000원
그리스도인의 믿음을 강화시켜 줄 재료로 일곱 가지 기본 덕목을 제시하며, 하나님이 창조하신 대로 선한 자가 되어, 독자를 성령의 열매를 맺는 생활로 안내하는 책.

영적 훈련

맥시 더남 지음 / 이연승 옮김 / 신국판 / 초판 1쇄 / 230쪽 / 7,000원
승리하는 그리스도인의 삶을 형성하기 위한 훈련 과정의 워크북으로, 개인적인 묵상뿐만 아니라 소그룹에서 사용할 수 있는 훈련 교재로도 적합한 책.

예수님처럼 사랑하자

맥시 더남 지음 / 류명욱 옮김 / 신국판 / 초판 1쇄 / 202쪽 / 7,000원
사도 바울의 사랑장인 고린도전서 13장의 내용을 구체적으로 파악할 수 있고, 독자로 하여금
사랑할 수 있는 구체적인 사랑의 길로 인도하는 책.

죽음에 이르는 죄   어떻게 극복할 것인가

맥시 더남, 킴벌리 더남 레이스먼 지음 / 서대인 옮김 / 신국판 / 초판 1쇄 / 288쪽 / 7,000원
피할 수 없는 일곱 가지 죄가 우리의 삶에 어떻게 나타나며, 이러한 죄를 다루는 방법을 제시
하여 죄를 극복하게 하는 책.

중보기도

맥시 더남 지음 / 구교환 옮김 / 신국판 / 초판 1쇄 / 266쪽 / 7,000원
본서는 중보기도의 이해를 도울 뿐만 아니라, 개인이나 그룹이 중보기도를 실제로 하게 하기
위한 구체적이고 실제적인 지침서.

그리스도인들의 신앙 고백 / 전기

거룩한 삶을 산 믿음의 영웅들

웨슬리 듀웰 지음 / 홍성철 옮김 / 신국판 / 초판 1쇄 / 312쪽 / 8,000원
거듭난 후 성령으로 충만함을 받은 경험을 하고 하나님이 사용하신 믿음의 영웅들 열네 명의
전기집.

나는 어떻게 예수님을 만났는가?

홍성철 편집 / 신국판 / 초판 1쇄, 개정판 10쇄 / 332쪽 / 8,000원
각계 각층에서 그리스도의 향기를 진하게 풍기고 있는 21명의 신앙 고백을 기록한 책.

사망의 골짜기를 지날지라도

볼레터 스틸 크럼리 지음 / 유정순 옮김 / 신국판 / 초판 1쇄 / 158쪽 / 4,500원
말로 다 표현할 수 없는 인간의 비극 가운데서 하나님의 평강을 발견한 저자의 믿음과 용기에
관한 능력 있는 체험적인 이야기.

수잔나   존 웨슬리의 어머니

아놀드 댈리모어 지음 / 김석천 옮김 / 신국판 / 초판 2쇄 / 230쪽 / 6,000원
존과 찰스 웨슬리의 어머니 수잔나의 경건의 모범, 자녀 교육과 양육, 고난과 어려움을 이겨
풍성한 영적 유산을 남겨 준 이야기.

위대한 그리스도인들은 어떻게 성령의 충만을 받았는가

제임스 로슨 지음 / 홍성철 옮김 / 신국판 / 초판 2쇄 / 298쪽 / 7,000원
하나님의 장중에 사로잡혀 위대하게 살았던 20명의 감동적인 성령 충만의 체험담을 기록해
놓은 책.

하나님과 함께 한 스탠리 탬의 놀라운 모험

스탠리 탬 지음 / 류선욱 옮김 / 신국판 / 초판 1쇄 / 334쪽 / 8,500원
하나님의 주권을 인정할 때 얼마나 놀라운 모험을 할 수 있으며, 무엇보다도 영혼을 구원하는
일에 하나님의 동역자가 될 수 있음을 체험적으로 보여 준 책.

하나님의 회초리 능력을 위한 사랑의 매
스탠리 탬 지음 / 성미영 옮김 / 신국판 / 초판 1쇄 / 234쪽 / 6,500원
어떻게 하나님의 능력을 갖게 되고, 기도의 응답을 받으며, 매일 당면하는 문제를 초월하여
승리하고, 열매 맺는 삶을 누릴 수 있는지를 체험적으로 쓴 책.

영어권 독자에게 추천할 책

How I Met Jesus
John Sung-Chul Hong 편집 / 신국판 / 초판 1쇄 / 296쪽 / $9.99 (10,000원)
『나는 어떻게 예수님을 만났는가?』의 영어판. 한국 평신도 남녀 각 5인, 한국 목사 5인
및 외국인 5인의 신앙 고백.

기독교 고전 시리즈 (1-16권 / 문고판 / 초판 2쇄 / 권당 1,500원)

1. 왜 하나님은 무디를 사용하셨는가   R. A. 토레이 지음 / 홍성철 옮김
2. 보다 깊은 삶   로버트 머레이 맥체인 지음 / 구교환 옮김
3. 하나님의 임재를 연습하라   로렌스 형제 지음 / 이소연 옮김
4. 성결   J. C. 라일 지음 / 서대인 옮김
5. 예수님을 위하여 선하게 증거하자   존 왓슨 지음 / 이대규 옮김
6. 공격적인 기독교   캐더린 부스 지음 / 염동팔 옮김
7. 구령자를 위한 권면   호레시우스 보너 지음 / 최석원 옮김
8. 불타는 사랑   블레즈 빠스칼 지음 / 곽춘희 옮김
9. 행동하는 믿음   조지 뮬러 지음 / 송철웅 옮김
10. 하늘가는 마부   존 번연 지음 / 문정일 옮김
11. 성도다운 학자의 결단   조나단 에드워즈 지음 / 홍순우 옮김
12. 설교자와 기도   E. M. 바운즈 지음 / 이혜숙 옮김
13. 성도의 영원한 안식   리차드 백스터 지음 / 이기승 옮김
14. 부흥의 법칙   제임스 번스 지음 / 문정선 옮김
15. 성경적 구원의 길   존 웨슬리 지음 / 박홍운 옮김
16. 친구여 들어보지 않겠소?   찰스 스펄전 지음 / 홍성철 옮김